碗中日月

丁立梅 著

東方出版社
人民东方出版传媒

图书在版编目（CIP）数据

碗中日月 / 丁立梅著. 一北京 : 东方出版社，2021.10

ISBN 978-7-5207-2365-7

Ⅰ. ①碗… Ⅱ. ①丁… Ⅲ. ①作文一中学一选集 Ⅳ. ①H194.5

中国版本图书馆CIP数据核字（2021）第176701号

作　　者：丁立梅
策 划 人：王莉莉
责任编辑：张　旭　张彦君　贾　方
产品经理：张　旭　贾　方
整体设计：门乃婷工作室
出　　版：东方出版社
发　　行：人民东方出版传媒有限公司
地　　址：北京市东城区朝阳门内大街166号
邮政编码：100010
印　　刷：小森印刷（北京）有限公司
版　　次：2021年10月第1版
印　　次：2023年4月第2次印刷
印　　数：30001-40000册
开　　本：680毫米×950毫米　1/16
印　　张：17
字　　数：207千字
书　　号：ISBN 978-7-5207-2365-7
定　　价：49.80元
发行电话：（010）85924663　85924644　85924641

○ 写 在 前 面

中考高考作文
不是洪水猛兽

一到中考高考季，就不断有家长来电来邮，想让我给他们参加中考高考的孩子，作些作文指导。

说实在的，我很惶恐。

我的写作，率性自由惯了，从不拘格式，也不讲格调高低，想到什么就写什么。它很像一只羊，拥有很大很大的一片草原，高兴吃哪棵草，就吃哪棵草，高兴嚼哪朵花，就嚼哪朵花，不高兴吃了，就躺在草地上睡觉。可是中考高考作文却不能这么任性，它是直接关乎到孩子们中考高考分数的。

然而，我还是想对孩子们的中考高考作文提点建议，这纯粹是我的个人见解，不具有普遍性。

首先，要明确一下你对中考高考作文的态度。

中考高考作文不是洪水猛兽，它就是一篇普通的文章而已，与你平时的写作，没什么两样。你只须把你平时掌握的字和词语重新排列组合，把你平时接触过的故事筛选一下，把你平时思考过的东西，择最想说的说出来。这个，拼的不是智力，拼的是从容。谁的脑子里不塞着一堆的故事啊？听来的，看来的，思来的，想来的，亲历来的……这个时候，谁若慌张了，谁就输了。你要对自己说的是，啊，文字拼图嘛，小意思。

好吧，接下来，咱就来规划一下这个拼图怎么来拼。

先来说说作文题。

有的中考高考作文是命题作文。这个好，省了你动脑筋另外想标题了。你只须在标题里，找出关键词（有的标题就是一个词）来，量量这个词的广度和深度。这就好比新买的一张琴，你要先调试一下，确定好音调标准，接下来的弹奏才能顺畅。

每一个词语，都能引伸到更大更远的空间去。比方说“智慧”，比方说“好奇心”，它们上可通天，下可达地。天地之大，里面的生命无一不包含着智慧和好奇心。你量好这些词的广度和深度，只要在里面随便打捞一把，找一两个事物写写就好了。

如果你还是不能够明白，那我再打个比方。假如你面前有一扇门，你会想到什么？我呢，会想到门里是故事，门外也是故事。门里住着烟火人生，每日里上演着锅碗瓢盆协奏曲，上演着生老病死悲欢离合。门外天地广阔，无边无际，总有一条路通向这里，路上每天都有新事件发生，自然风物四季流转。如此想来，门里门外，皆是文章。

倘若是材料作文，那你可施展的空间就更大了。先从材料里面找出关键词，由关键词，拟定一个标题。这个标题最好不要过分从众，也不要过于标新立异，它要亲切些，朴素些，诗意些，有时甚至直白些，都是好的。好的标题如同好的门楣，让人站在门外，有即刻想推门而进的欲望，这样的标题会给你的文章加分。

至于文章的取材，低到尘埃、小中见大，是我一直以来的主张。

我们大多数人都是普通人，过的是寻常人生，没有那么多惊天地泣鬼神的事情。我们所求的，不过是平安、健康、顺遂、快乐，这些要求看似不高，其实很难做到。正因如此，偶然冒出的光和亮，才足以打动人心。你要捕捉的，就是那么一点点的光和亮，它或许是一个微笑，或许是一句温暖的话，或许是一个温柔的动作，或许是一个挺拔的背影，或许是一只飞鸟的鸣唱，或许是开在石缝里的一朵花……这世间，左不过“活着”这件事，我们都在竭尽全力为“活着”而努力。而文字，就是为了记录这些“活着”而放射着光芒。

至于采用什么文体，那要看你擅长哪种文体了。中考高考作文题的限定，一般是除诗歌外的其他文体都可用。中考偏向记叙文，高考偏向议论文。记叙文无须多说，就是记人记事，偏感性。只要把人物与事件写得瓷实了饱满了，描摹精准，语言运用恰当，就非常棒了。议论文偏理性些，但也是基于摆事实的基础上讲道理。这个“事实”，完全可以是现实中的场景、故事和观点，它是活生生的，是带着强烈的感情色彩的。正因如此，它的出现，才具有说服力，把你要维护的论点牢牢稳固住，把你要反驳的论点瞬间推垮掉。宋人苏洵的《六国论》，可作议论文的典范，那何尝不是一篇优美的散文！

好多考生喜欢“拿来主义”，要他摆事实，他就“旁征博引”起来，不是前人如何如何，就是某本书里如何如何说，他所采用的事实和结论，都是僵死的，没有一丝鲜活气的。这样的文章，哪里能吸引人呢？我并不反对你引经据典，你可以引用，但不可滥用，不可通篇全是他人的观点，而没有自己的观点。谨记，经典的适当引用，是为你的文章锦上添花的，而不是来淹没你的文章的。

最后，我想说说文章的情绪。

每篇文章，都是有情绪的。有的是真情实意，有的是假情假意。孰高孰低，不要我评说了吧。你的文字，一定要带着你的情绪才好。倘没有真情，也请你一定带上真感。切不可默写“背诵”出来的东西，那真的很悬呀，你背诵过了，难保其他人没有背诵过。只有你自己的真情真意，才是你独有的。哪怕只是一阵轻风那么轻，那也是吹过你的轻风。

我希望每一个孩子，都能真正热爱上写作，把它当作一辈子喜欢的事情来做，而不仅仅是为了考试。写作会让你有限的人生，活出千万种滋味。

目 录　　CONTENTS

2021

江苏·泰州　一百 / 001

江苏·宿迁　碗中日月 / 005

江苏·南通　有一束光，照亮我的世界 / 010

江苏·镇江　不只是一个数字 / 014

江苏·徐州　此中有新意 / 018

江苏·淮安　我想清楚了 / 022

北京　做一粒向日葵的种子 / 026

重庆·A 卷　你的馈赠，点燃了我 / 030

四川·绵阳　忽然花开 / 034

湖南·长沙　一朵开花的蒲公英 / 038

辽宁·大连　你在，就心安 / 042

山东·济宁　松明的故事 / 046

山东·烟台　相守 / 050

青海　如果老茧会说话 / 054

河南　从第一页开始 / 058

全国新高考Ⅰ卷　开在悬崖上的点地梅 / 062

2020

上海　有一种甜 / 067

安徽　遇见更好的自己 / 071

广东·广州　我能为你做点什么 / 075

江苏·连云港　你的光照亮了我的世界 / 079

山东·菏泽　景致 / 083

四川·成都　出发 / 087

江苏　合欢树下 / 091

2019

浙江·杭州　每一颗星星都自有光芒 / 096

福建　最好的作品 / 100

江苏 · 南京　你的和我的 / 104

江苏 · 苏州　我在碗里看太阳 / 108

江苏 · 常州　走在鱼儿的思想里 / 112

江苏　人间有味 / 116

2018

陕西 · 西安　阳光 / 120

吉林 · 长春　最美的风景 / 124

天津　我的中学时代 / 128

山东 · 青岛　栽种的喜悦 / 133

江苏　最美的语言 /137

2017

浙江 · 金华　蚂蚁和海螺 / 143

山东 · 济南　醒来 / 148

江苏　那年，那次远行 / 152

2016

湖南 · 郴州　美在身边 / 156
安徽　你是我最牵挂的人 / 160
福建 · 厦门　洄游 / 164
江苏　十亩间 / 168

2015

广东 · 深圳　回家 / 172
江苏 · 无锡　读书滋味长 / 178
江苏 · 扬州　苦趣 / 184
广西 · 南宁　日成一事 / 188
江苏 · 盐城　从未走远 / 192
湖南 · 娄底　乐在其中 / 198
山西　牛皮纸包着的月饼 / 202
陕西　我的老师 / 206
江苏　一只猫的智慧 / 210

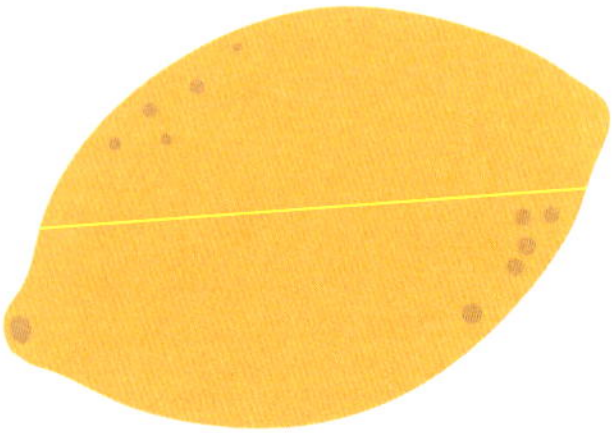

2014

江西　学会等待 / 214

内蒙古 · 包头　生命的需要 / 218

江苏 · 盐城　我与青春再见时 / 222

山东 · 滨州　只要还在 / 228

2013

黑龙江 · 哈尔滨（市区）　青年和一枝百合 / 232

江苏 · 盐城　放慢脚步 / 236

天津　捡拾幸福 / 240

2012

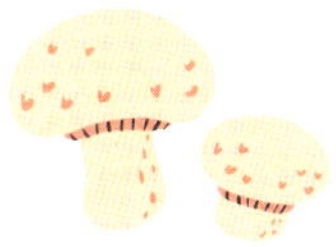

辽宁 · 沈阳　爱与时间同行 / 244

2011

河北　陪伴 / 248

2009

江苏　品味时尚 / 252

写在后头　把丢失的好奇心找回来 / 256

2021

江苏 · 泰州

一百

【中考真题】

一百可以是一个数字，也可以是一段岁月，还可以是一种希望、目标、追求。请以此为文章标题，写一篇文章。

要求：①不少于 600 字；②文中不要出现（或暗示）本人的姓名、校名；③除诗歌外，文体不限。

【思路碎片】

我是把泰州当亲戚的。

我们说着同样的方言，吃着同样的饮食，风俗习惯几乎完全一致。

我去过泰州多次，在泰州有我很多朋友，有我很多读者，我们性情相投。我爱那里，如同爱我的东台一样。

当泰州的中考作文题出来后，不少家长、老师和孩子都跑来告诉我，梅子老师，这题好抽象哦，不知怎么才能写出六百字。

我看了题后，也挺意外的，它竟以序数词做了文章标题，确实很抽象。

幸好题目给出了一些提示：

它可以是一个数字，——这个好理解，孩子们的考试成绩通常都是以一百分计。在一定意义上，它是“满分”的代名词。

它也可以是一段岁月，——这个理解起来稍微有点难度，孩子们可能会想到“百年征程”，但以他们的阅历和生活经验，写起这个话题来，不好把握，容易形成空洞的抒情。如果把它具体到一事一物上，就容易多了。比如：一棵百年老树、一幢百年老屋、一只百年的碗、一个百年的老码头……以我手，写我心，莫要为赋新词强说愁。换句话讲，也就是我们所写的，要是我们所知所感所得的，我们的笔，要跟着我们的心走。我们身边的那些小事件、小人物、小感动、小幸福、小欢喜、小悲伤，都不要视而不见。只有这样，我们的文字才会有血有肉，也才有可信度。

它还可以是一种希望、目标、追求。人生不完美，但我们总在追求完美中。这个完美，是以“一百”论的。能打到一百分，就是顶好的了。每个人都怀着一百分的希望，向着一百分的目标而去。这个题目，可以联系自身的经历去写，也可以写他人的故事，但切口一定要小，一事一写，才能做到主题突出，故事明确。

我以为，还可以跳出这些条条框框去，只就题论事，“一百”除了是个序数词，我们也完全可以让它成为一个专有名词，这样思路就更开阔了。

【梅子下水文】

一百

我买烧饼，只去一家叫“一百”的烧饼店买。

小城烧饼店也多，几乎每条街道都有一两家。但唯有他们家，至今还是用炭炉烤着，跟几十年前的做法一模一样。每只烧饼出炉，都有炭火细细吻过的痕迹——金黄、酥软、喷香，趁热咬上一口，美妙的滋味，沿喉而下，直抵脏腑。

做烧饼的是一对夫妻，四十来岁的年纪。两人颇有夫妻相，都有一张圆鼓鼓的脸，身材一样地壮实，性情一样地憨厚。他们见人一脸笑，“来啦？”这是他们迎接每个人的问候语，好像每个顾客，都是他们家的老熟人。

每天清晨四点半，夫妻两个同时起床，女人揪面团（面是头天晚上和好的，放那儿发酵了一夜），切面剂。男人一百负责生火，调拌馅料。烧饼好不好吃，除了要把握好炭火的节奏外，还取决于馅料的好坏。男人一百对他调拌的馅料相当自信，他说，我这可是祖传的配方，百分百地好吃，全城找不到第二家。

他这么说还真没有吹牛，吃过他家烧饼的人，无一不念念不忘，回味无穷。他也不像别家，弄出几十种口味，什么咸的、甜的、辣的、酸的……五花八门，反倒没了特色。他只拌一种馅，把它做到极致，所涉食材有葱花、生姜末、胡萝卜丝、水晶粉、芹菜、肉末子。我曾研究过这馅料，也学着做，用它来包饺子，结果好吃是好吃，却吃不出他家烧饼里的那种特别滋味。改天告诉一百，他哈哈乐了，说，我这是独门配方哎。

对，他叫一百。这个名字总惹得好奇的人问东问西，人先是惊奇于他家的招牌：“呀，一百？这名字叫得好特别。为什么这么叫？”他似乎挺乐意别人这么问的，早就抬头等着回答了。“我们家这烧饼，太完美了，可以打一百分，所以叫一百啊。”他先是开玩笑。他这么说着话时，一旁的妻子手脚不停，继续麻利地做着烧饼，脸上，却浮上了笑。

听的人还没回过神来，他已换成一本正经的口吻了：“因为我的名字就叫一百，我开的店，自然就叫一百喽。”人们起初不信，哪有人名字叫一百的？他就滔滔讲起，他父亲原也是个做烧饼的，他出生那天，父亲收摊回家，正好卖出一百个烧饼，接生婆喜孜孜向父亲报，生了个胖小子。父亲一乐，说：“就叫一百吧。”父亲后来告诉他，一百这个名字，代表一种圆满，父亲希望他的日子能一直圆圆满满。

好些年了，一百的烧饼都是两块钱一个。猪肉涨价了，别家的烧饼都跟着涨了，他们家依然是两块钱一个。“都是熟人，我们少赚点没啥关系的。”一百笑呵呵地说。每次去一百那里买烧饼，都要提前预约，否则，很难买到——买的人太多了。有人给一百出主意，一百呀，你们可以多招几个帮手，多开几家分店。一百夫妻俩一齐摇头，不要，不要，我们百分百地做好这一家店，就很圆满了。

江苏 · 宿迁

碗中日月

【中考真题】

阅读下面文字，按要求作文。

碗，一头连着餐桌，一头系着国运。碗，可以记录情感、传承精神、彰显文化、折射时代变迁。

请以“碗中日月”为题，写一篇文章，可以叙写经历和感受，可以发表议论和看法。

要求：①文体自选（诗歌除外）；②不得套作，不得抄袭，不得泄露个人信息；③不少于 600 字。

【思路碎片】

宿迁的这道中考作文题真是出手不凡，很诗情，很画意，又很有内涵。

日月是什么？是日子叠着日子，一路逶迤而来。

碗里装日月，其实装的是烟火人生哪。从前人家家里再贫穷，也总能找到一两只破碗，持着它去要饭，把命从碗里救下来。于是，才有了延续，才有了日后的家族兴旺。

碗中养着千亩田呢，装茶装酒，装汤装水，装风装雨，装悲欢离合……

诗人刘禹锡有诗句“骤雨松声入鼎来，白云满碗花徘徊”，我实在喜欢极了。那一碗唐时的白云，如今还在天上飘着吗？而那只装满白云的碗呢，又去了哪里？

一碗日月，里面有着时代的穿梭和变迁，有着无数的前赴后继——当思维打开到这里，可写的东西实在多，可以具体到写某只碗的故事。

要提醒的是，孩子们很容易把情抒过头了，把自己的笔调伪装得很成熟，以为世事都看透，弄得既深沉又悲伤。似乎不那样，文章就不足以离奇曲折，就不足以婉转优美。明眼人却是一眼就看出来，那是装的。因为，再高明的伪装，也是装，它会处处显得不自然和生硬，与中学生的年纪格格不入。这样的文章，除了矫情之外，实在没有丁点动人的地方。

还是把笔落到实处，从身边一只普通的碗写起为好，这只碗里面盛着小感动、小幸福、小悲欢。当然，你也可以放眼时代，日月穿梭，日子在碗里变得越来越美好。

建议，首选是写成记叙文。当然，散文亦可。若是写成散文，要有丰厚的阅读积淀才行。学习语文，进行写作，功夫在平时。

【梅子下水文】

碗中日月

我是明朝成化年间的一只碗。

我本是一抔普通的高岭土，经过淘泥、摞泥、拉坯、印坯、修坯、捺水、画坯、上釉等一道道冗长的制作工序，我被投身到一窑火中。我在里面锻造了三天三夜，身上每个地方都在发生着巨变，似有千朵万朵花呼啸着开了。我疼得眩晕过去，醒来时，火已熄灭，那种强烈包裹着我的灼热感慢慢消散，一切骤然间静了下来。我躺在黑暗里，听见自己的心跳，身体里像淌着一条清澈的河。我知道自己不再是一抔高岭土了，我已脱胎换骨，成了一只青瓷碗。

开窑了。我第一眼看见的是外面的大太阳，照得窑口金光闪闪。然后，我看见披着一身金光俯向我的一张脸，那脸上印着日月沧桑——原来是一个把桩老师傅，他用青筋毕现的手托起我，像托着一个新生的婴儿。他对着日光轻轻晃了晃我，半眯起的眼睛里，流下激动的泪水，他喃喃说，冰片如花，色泽清冽，晶莹润透，真是一只好碗啊。

我在他的手上并没有待多久，很快就被装进一只精美的盒子里。他的手，抚摸着装我的盒子，我听到一声落花般的叹息，去吧，多多保重。我被当作贡品，送进了宫。

宫里的贵人们围住我，啧啧称奇，好精美细腻的一只碗啊。皇上把我赏给了他最爱的嫔妃。我被嫔妃用来盛冰糖莲藕。嫔妃有一双如秋水的眸子，她时常对着我发呆，嘴里念着什么“藕碗冰红手”，像是在等什么人。她等来的，往往都是寂寞。

嫔妃不久莫名其妙没了。我到了一个贵人手里，贵人在宫中很得势。贵人把我赏给得了赫赫战功的大臣——她娘家的兄弟。我跟着大臣，从宫里，来到民间。

大臣的家里真是繁华之极，精美之物比比皆是，我夹在其中，实在算不上什么。但因我是贵人所赐，被这一家的当家主母老太君收了去。从此，我跟着她品尽人间好滋味。

都说富贵人家多纨绔。此话真正不假，这家的子孙个个不学无术，荒淫颓废，百年的家业，最后被挥霍一空，我被送进了典当行。

典当行的老板识货，他表面上装着不在意，呀，一只破碗呀。给了典当我的人几两碎银子，那家伙千恩万谢走了。待典当的人走后，他立即把我托在掌上，细细端详，点头道，真是剔透如玉啊，好碗，好碗啊。我进了典当行老板的储藏室，那里面已收着不少好宝贝。

我真不愿待在储藏室里，我是只碗，碗要有碗的价值，空置着对我是种伤害。一日，我正暗自神伤着呢，突然听到外面杀声四起，一伙盗贼冲进了典当行。典当行的老板当场被杀，我被人掳走。

我几经转卖，辗转去了好些人家。有的人家清雅高贵，有的人家丑陋不堪。我被人供奉起来过，也被人不当回事地用来装狗粮。这期间，我经历了无数的兵荒马乱，无数的生离死别，我享过富贵，尝过贫穷。明朝嘉靖年间，我到了一深闺女子手里，女子很是珍惜我，用我养过栀子花，还用我养过一弯明月。女子后来因爱失意而死，我做了她的陪葬，重新又回到泥土里。

又不知过了几世几年，我被考古学家挖掘出来，当成珍贵文物，收进博物馆，放到了展架上。现在，每天都有无数的目光，在我身上逗留，它们或惊叹，或好奇，或探究，或迷恋……我只沉默地看着。千年的日月，沉淀在我身上的每一丝纹理里，那些如烟的过往，总在静夜里，响彻我的全身。

江苏 · 南通

有一束光，照亮我的世界

【中考真题】

请以“有一束光，照亮我的世界”为题，写一篇文章。

要求：①内容具体，有真情实感；②文体不限（诗歌、戏剧除外）；③不少于 600 字；④文中不得出现真实的地名、校名和人名。

【思路碎片】

看到南通这道中考作文题的时候，我想的是，考场里的孩子们看到这道题时，他们忐忑紧张的心，会在一刻间松弛下来了吧？谁的人生里，不曾遇到过一束或几束光？它们像灯塔，像太阳，像夜晚的星星，给平凡的人生，带来感动、温暖和力量。我替生在南通的孩子们感到幸运，多好，这道题本身就像一束光，把他们的眸子照亮，让他们有话可说，有情可抒。

有人可能要说，这样的题目太常见了，不出新，且体现不出难度，拉不开考生与考生的分数差距。我要笑了，亲爱的，你以为这是奥林匹克数学竞赛呢？我们考查学生的作文，不是来进行智力竞赛的，而是考查孩子们平时对语言运用掌握得如何，他们的笔端，是否有真情、真意和温暖在。说到底，语文的学习，是为了培养灵魂高贵的人。

作文题目的寻常，哪怕就是雷同，对评估考试成绩并无影响。我们真正评估的，是孩子们的行文风格和语言的力量。古人写词写诗，同一词牌名不晓得有多少人扑上去写，但最终能被大家记住的，也就那么几个人。像“江城子”一提及，我们立即想到苏轼的“十年生死两茫茫，不思量，自难忘”。语言的运用，是有高下之分的。

说到语言的运用，我想到文字的节奏，这是孩子们在写作中，特别要注意的问题。《金蔷薇》的作者康·帕乌斯托夫斯基说，真正的散文总是有自己的节奏的。我想把它改一下：真正的文字，总是有自己的节奏的。

什么是文字的节奏呢？打个比方来说吧，溪水是潺潺而流，瀑布是哗啦啦飞泻，海浪是呼哧呼哧而来，这“潺潺”“哗啦啦”“呼哧呼哧”，就是节奏。你的文字若是溪水，它必有自己的潺潺之声。若是瀑布，它必发出哗啦啦巨响。若是海浪，必呼啸不断。

再比方说，好的音乐，总能在第一时间，让听众把握住音乐的节奏，和着自己的心跳，不自觉地，沉浸其中，跟着那些节拍摇头晃脑。一段好文字，就如同一段美妙的音乐，是有着自己的节奏的。

那么，怎么才能形成自己的文字节奏呢？康·帕乌斯托夫斯基说，首先要求作者在行文时，每个句子都要写得流畅易懂，让读者一目了然。这个理解起来并不难，也就是说，你每写下一句话时，不要拐弯抹角，不要故作高深，不要自设坑坑洼洼，弄出一些似是而非貌似深刻的东西，让人读起来结结巴巴，味同嚼蜡。句子的优美，原不在于优美词语的堆积，而在于它的好记，好懂，能引起共鸣，有画面感，有生活痕迹。

文字的节奏，还在于你要有能力把握整篇文章的步骤。该详的地方详写，该略的地方略写，做到句子与句子之间有起伏，有波峰，不要从头至尾都是一个调调，一个面孔。

【梅子下水文】

有一束光，照亮我的世界

夏日的一个晚上，我独自一人，沿着屋后的小路散步。

小路傍河。河边有一片林子，里面杂树生长。我认识的有香樟、槐树、银杏、栾树、枫杨、蜡梅、桂树、紫薇、木槿等，眼下紫薇和木槿开得正盛，气息清袅，如同泡过两遍的绿茶，随着轻轻的夜风，飘入我的鼻子里。

我的心情并不好，白天遇到件麻烦事，处理起来很棘手，至晚上，我也没想到更好的法子。又闹着牙疼，去医院看牙医，牙医察看了我的牙齿状况，面无表情地说，你的牙床太差，这几颗得全部拔掉。想到这副肉身上的东西，最终都要被上帝收走，一样不剩，我不免产生些沮丧的念头。

蛙声伴着蝉叫，四下里响着，它们那么快乐，好像嘴里面含着一颗糖果，这越发衬出我的寡欢。月亮升起来了，又大又圆，朗朗而照，天地间一下子被刷上象牙色。有人臂弯里抱着只小狗，迎面走过来，她一边走，一边跟狗说话，宝宝呀，我让你不要跑，不要跳，你偏不听，你偏要调皮，现在累了吧，跑不动了吧？乖啊，等明天就有好吃的了，你哥今天说，给你快递了火腿肠和肉脯呢。狗安静地趴着，仰头看着她，亮晶晶的眼睛在月下看得分明。

我目送一人一狗走远，暗暗想，她是寂寞的吧？养大的儿子，成了远方的人。空荡荡的家里，狗的存在，对她而言，不能不说是一束光。

这个时候，我的眼睛忽然被一团银白所牵引。那团银白栖落在一丛木槿之上，像一枚银币，闪闪发光。周遭一片暗，唯那一团亮在闪。我饶有兴趣地盯着看，疑惑着，会是什么呢？风稍稍吹一吹，它就动一动。它竟是活的！

我走了过去，拨开木槿的枝枝条条，凑近了看，发现那原不过是一枚普通的木槿的叶子，因盛满月光，而熠熠生辉。我讶异，为什么那么多叶子，只有它，接住了月光？我很快揭开了谜底，从树翳间漏下的一滴月光，刚好被它撞上，它毫不迟疑地敞开心胸，把那滴月光揽入怀中。为等那滴月光，它也做过无数次的梦吧？

我站在那里很久，看着那枚闪光的叶子，心境渐渐变得愉悦起来。人生要那么多烦忧做什么呢？做到尽心尽力就好。其他的一切，都交给时间去解决吧。我只想握住当下的好时光，当下，一枚盛满月光的叶子，将我的世界照亮。

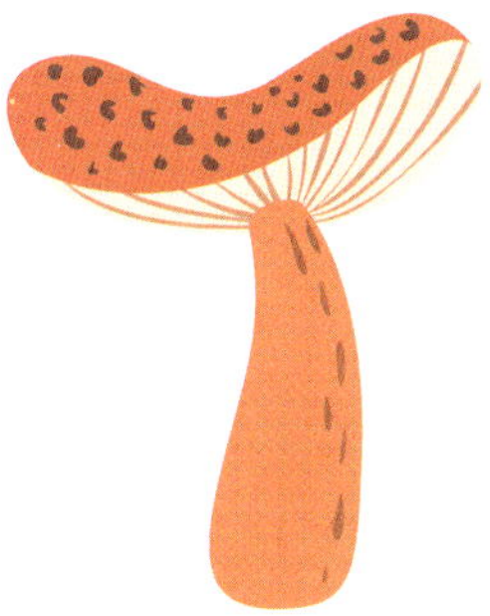

江苏 · 镇江

不只是一个数字

【中考真题】

生活中，人们会接触到各种各样的数字。其实，有的数字就只是一个数字，而有的数字却不只是一个数字。请以“只是一个数字”或者“不只是一个数字”为题，写一篇作文，不少于600字。

要求：①不少于600字；②文中不要出现（或暗示）本人的姓名、校名；③除诗歌外，文体不限。

【思路碎片】

看到镇江的这道作文题时，我笑了。出题人真是辛苦了，怎么就想出这么个机巧的题来了？

这题的中心非常好把握，数字，数字，还是数字。一是一吗？是一，又不是一。三是三吗？是三，又不是三。九是九吗？是九，又不是九……

我国是一个对数字特别敏感的民族，从先民起，就对一些数字赋予不同的含义。比如“九”，我们知道，它是个数字，排在数字八和十之间。它又不只是个数字。节气里有数九之说，从冬至起，每九天为一“九”，要数上九九八十一天，冬天才算走完。又比如，以“九”组词，能组出很多个来，各有各的含义。像古诗里的“暑退九霄净，秋澄万景清”，这“九霄”里的“九”，就是个虚数，表示极多、极高。九霄是指天之极高处。

今人对数字也敏感着。我们看重数字，它在一定程度上，代表荣誉、利益、情谊、爱、成功。有时，数字也仅仅只是个数字。比如对待金钱，我们看得很重，到头来却发现，这世上，有很多东西是金钱买不来的。一堆钱摆在那儿，只是个死气沉沉的数字罢了。

无论是写“只是一个数字”，还是写“不只是一个数字”，都不要离开数字而展开。数字太多，随便组合，各有各的故事。最好聚焦于某个数字而写，不要东拼西凑，弄出许多个数字来，那样显得非常杂乱，中心一点儿不突出。也要尽量避开最容易上手的素材，诸如生日、考试成绩、中考倒计时之类的。素材太过雷同，往往写不出新意。除非你非常自信，你的文采能撑起一切。

【梅子下水文】

不只是一个数字

微信风靡建群的那阵子，我的大学同学辰，立马组建了一个群，群名叫得不同凡响：永远活力四射的310。一个班10个女生，被她悉数拖进了群。

二十多年过去，当年的女生都已人到中年，却在看到“310”这个数字时沸腾起来，飞花一般的往昔，潮水般涌到跟前。

那个时候，我们班10个女生，花团锦簇地挤在一间宿舍里。一幢五层的宿舍楼，我们住在三层走廊尽头的那一间，门朝西开着，门楣上，钉着个蓝底的门牌，上面标着的数字是：310。大家称呼我们宿舍的人，自然都喊成：310的女生。

“喂，310的女生，到楼下来取东西。”宿管阿姨扯着嗓子在楼下叫。一准又是波波的男朋友，买了吃的送来了。

那时，男女生分开管理，女生们住着的地方，晚上男生是进不来的。波波的男朋友只好把东西交给宿管阿姨，托她转交给我们。他每次买吃的，都是买10份，这是我们310宿舍的舍规。

记得吗，当年我们10个人制定的310舍规里，有一条是，不准吃独食。你们没少沾我的光呢。说这话的，是波波。我们都哈哈笑了，仿佛回到青春的当年，10个人团团围坐在一张长条桌旁，咔嚓咔嚓吃着波波男朋友送来的吃食，一边小女巫似的占卜着各自的未来，都说波波肯定是我们这些人中生活得最幸福的。

波波长得美，一双大眼睛总是波光粼粼的。走起路来的姿势也美，像跳芭蕾，周身好似有波光在荡。我们就帮她取了个别名叫波波。那时，追她的男生可以编成一个排，我们一个一个帮她掌眼。最后，一个瘦高个子面皮白净的男生，成了波波的男朋友。

记得我们去帮你吵架吗，波波？我们问波波。那是她跟男朋友怄气了，在宿舍里哭。我们气不过，跑到男生宿舍，把那个男生叫出来，围在中间，你一言我一语地狠狠将他骂了一通。从此落下个坏名声，310 的女生个个都好凶啊。

毕业后没多久，波波和那个男生分了手。波波后来的人生路走得不太顺，嫁了个人，吵吵闹闹一些年，最后，离婚了。

哎，真怀念那个时候啊，波波说。

是啊，真怀念啊。还记得吗，宿舍楼前的那些海棠花，如云似霞，我们倚着花拍了张合影，合影上写的是，310 的妖精们。辰说。

记得，记得！我们一齐说。记忆一次次被点燃，我们沦陷其中：说起爬上老师宿舍的墙头采蔷薇花的事；说起想看流星雨，凌晨，10 个人一齐摸黑爬到楼顶上去坐等，最后等来一场雨；说起半夜里挤在窗口，听后排宿舍里的一对夫妻吵架……从前那些琐碎的事情，都像是绣着花边。我们不自觉地微笑起来，内心柔软，充满感激。我们相约着，以后每年的 3 月 10 号，都要抽出时间聚一次，以 310 的名义。

江苏 · 徐州

此中有新意

【中考真题】

当今时代日新月异，新思想、新观念、新技术……不断涌现，不仅给我们的生活带来了新面貌、新气象，也改变着我们的生活态度和生活方式。

请联系生活，以“此中有新意”为题目写一篇文章。

要求：①要有自己的经历、体验和感悟；②除诗歌、戏剧外，文体不限；③不少于 600 字；④不得泄露个人信息；⑤书写要正确、规范，力求美观。

【思路碎片】

这题乍看挺容易的。其实，难度还蛮大，难在审题上。

新意是什么？一是指新的意义、见解、想法；二是指新的意境。

前者适用于文学、艺术、建筑、绘画、音乐等方面，你可能对一本你读过很多遍的书，一首你能滚瓜烂熟背诵的诗，或是你听过很多遍的音乐、看过很多遍的绘画等，有了新的见解新的想法。这个应该不难写，只取其中之一，写写自己的真实感受就行。关键是，考生得想到这方面的才行。

后者适用于所处的环境，包括自然环境和社会环境。自然环境讲的是自然万物，我们日日身处其中，以为身边的风景一成不变，忽略和漠视了多少花开花落。现在，要你去发现和挖掘其中的新意，旨在唤醒你沉睡的感官。感性的孩子写这类文章，应该驾轻就熟。

社会环境讲的多是人与人的交往。日日相伴，我们都会因熟识而疏忽，等你醒悟过来，才能领略他的一句话、一个眼神、一个动作里面的新意吧。从身边熟悉的人物下手，也应该能写出不错的故事来。

怕的是，孩子们写这类文字，容易写成塑料花，看着艳丽，却是假的，让人读不出真感情来。我的建议，多采用些白描的手法，让你手底下的文字立体起来饱满起来，带有场景感，才会增强它的真实性和可读性。

【梅子下水文】

此中有新意

每日黄昏，从家里出发，往东而去，我会越过两条马路，穿过一小片森林，从一条梧桐树夹道的人行道上走过，最后抵达一条河畔。

河呈南北走向，有船只往来不休，数只白鹭贴着水面飞，像张开的一小片一小片白帆。两岸都是绿树垂阴，时有花草夹杂其中，一丛红，或是一丛黄、一丛紫，格外显目。我只要在家，每天都会走上一遭。

有朋友问，你天天都走这条路，不厌倦吗？

不不，我怎么会厌倦呢？每天我都出门寻宝呢，每天也都有新发现。比如前天，我遇见一朵会跳舞的金鸡菊。当时，草绿色的风吹着，它踮着脚尖，独自在路边的草地里跳得欢。我在那儿观望了很久。我想它是不在乎有没有观众的，它跳给自己看呢。比如昨天，我遇见河畔寂静的长椅上，久无人坐，竟有草擅自爬上去坐了。是几棵一年蓬，它们把浅粉的小花朵，插在上面，热热闹闹，喜笑颜开。而今天，我遇见石榴红的晚霞了，它们把天空装饰得如同婚房。

鸟鸣，花开，草长，水流，哪一样不是日日不同？哪怕你关在屋内，一整天不出门，飘过你窗前的云，也在时时发生着变化呢。吹拂着你窗帘的风，也在时时调整着节奏呢。

别再抱怨生活的无趣。别再数落日子的陈旧。去惊奇于路边的一朵花吧。草丛中，粉蓝粉蓝的小野花，它在那里，它就在那里。热烈奔放，不离不舍。

寻常的生命，透出无尽的欢喜，让人倍感活着的珍贵。

去欣赏路边的那些人吧。有时，是摆地摊卖些旧物件的中年男人，对他来说，生活或许是艰难的，他却哼着歌，笑眯眯地望着街景。有时，是一个清扫垃圾的妇人，她大着嗓门在跟人说话，说的是昨晚看的电视连续剧，她黝黑的脸上，漾满笑意。有时，是一个小孩，蹒跚着脚步，追着一片落叶跑，像一只追风的小猫……凡尘俗世，无一时无一刻，不是鲜活的、热情的、崭新的。

也请你，不时地抬头看看天空。天空最有看头了，云彩像魔术师，几乎每一分每一秒都在变着魔术，一会儿变出一群羊，一会儿变出山川河流，一会儿又变出千朵万朵花来。有月的夜晚，你更不要错过。看看吧，看看星星是怎么长出来的，看看月牙儿是怎样一天一天，丰满圆润起来的。生命的喜悦，正在这里。

每一个日子都盛满新意，用心去体会、去热爱，方不辜负。

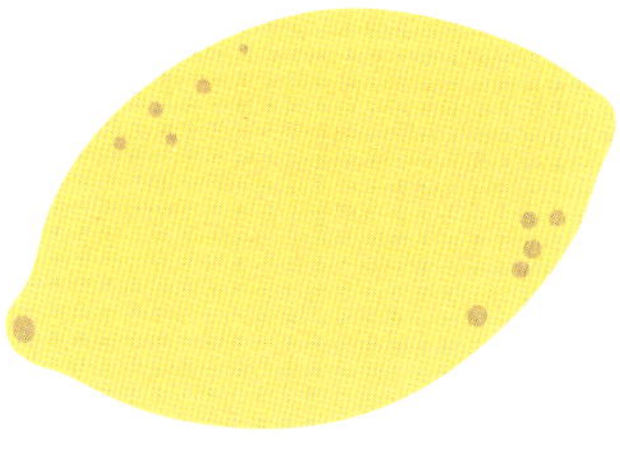

江苏 · 淮安

我想清楚了

【中考真题】

请以《我想清楚了》为题，写一篇文章。

要求：①不少于 600 字；②文中不要出现（或暗示）本人的姓名、校名；③除诗歌外，文体不限。

【思路碎片】

你想清楚了吗？

——我想清楚了。

你真的想清楚了吗？

——啊，容我再想想。是的，我想清楚了。

你不觉得这是我们日常生活中常常会出现的对话吗？问自己，问他人，或他人来问我们。

想清楚了的对立面是糊里糊涂、头脑发热，做下让自己后悔一生的事。人常说，一失足成千古恨。那都是没有真正想清楚的缘故。

这样的题目宜写成议论文和记叙文。倘若写议论文，可从正反两方面举例，论证“我想清楚了”的重要性。有人前行一步掉下陷阱，有人后退一步海阔天高，在“我想清楚了”的基础上进行选择，会少走些弯路。

初中生最拿手的，还是记叙文。孩子们虽阅历有限，但日常生活中，总会遇到思想纠结的时候。做，还是不做？答应，还是不答应？他们内心的斗争，有时挺激烈的。找一两件具体的例子写写即可。可写学习方面的，可写与人交往上的，可写对待某件事的态度……也可以创造出一个新故事。

这样的文章，无须过多华丽辞藻堆砌。只要忠于现实，阐述明朗，行文尽量白话得近乎家常，让人读后有所启发，得到一两点教益就很好了。

【梅子下水文】

我想清楚了

大案发生在年脚下，一个六十多岁的包工头，被人杀死在家里，刀刀致命，值钱的东西被洗劫一空。很显然，这是一起入室抢劫案。

偏僻的地方小乡，民风淳朴，哪见过这等惨案？一时间，人心惶惶，一到天黑，家家闭门闭户，稍稍的风吹草动，也能引起一阵惊悸。人们互相传说，定是有江洋大盗来了，否则，怎么会这么狠毒，刀刀致命？

两个月后，案件破了。让人们颇感意外的是，作案的，竟是两个孩子，一个23岁，一个19岁。23岁的是当地人，在南方某大学读书，已念到大三了，如果不出意外，来年就该毕业了。19岁的那个孩子，是他在南方酒吧认识的一个调酒服务员。

寒假回家，23岁的邀请了19岁的来玩，他们一起回到他的家里。父母都是朴实的人，虽不大富大贵，但有勤劳的双手，也让日子过得红红火火。他们一见儿子回家，还带了个朋友回来，喜不自胜，天天好酒好菜招待着。

某日席间，父母无意间聊到同村的那个包工头，说在外赚大了，年后他家要扩建自家房子呢，要建个三层别墅，还要修个池塘，养花养鱼。他听得入耳了，私下里跟19岁的那个说，我们去搞点钱花花呗。19岁的那个脑子一热，当即呼应。他们备了刀具，趁着月黑风高夜，就进了包工头家的门，作下了那桩惊天大案。

作案前，他还曾找过同村发小Y，Y在外打工，刚回乡。他对Y说，有件赚大钱的买卖想不想一起干？转眼间弄个几十万不在话下。Y感兴趣地问，什么大生意？他就搬出他们的计划。Y当即一口回绝，不行，这是要犯法的。他追问Y，你可想清楚了，这可是笔大买卖，真的不行？Y沉默了一会儿，果决地说，我想清楚了，真的不行。并且劝他们也不要以身犯险。他哈哈一乐，冲Y说："逗你玩呢。"Y这才大大舒了一口气，真的以为他们是说着玩的。

他被警察追捕回乡的那天，四里八乡的人都去围观，没有一个不替他可惜的，众人感叹，多年轻多年轻啊。

是啊，多年轻啊，他本还有长长的路要走，一路上，总有些好风景在等着他的。他却生生把这一切掐断了。他的父亲听到他出事的消息，一口气没接上，直挺挺倒了下去。他的母亲什么话也没说，捧起一瓶农药就喝了下去。

我在看守所采访这个孩子时，他一直低着头啜泣，说得最多的一个字是，悔。"我真悔啊，当时如果我想清楚了，绝对不会这么做的。"可后果已经造成，他想要回头，再不可能了。他的发小Y，年后继续走上打工路，因业务扎实，很快被升了职加了薪。Y心有余悸地对人说，幸好当时我想清楚了，没有跟着去干糊涂事，否则，也必坠入万丈深渊。

古人云，三思而后行。如果你觉得三思太多，一思二思总是要得的。在做某项重大决定时，冷静地想一想后果，切不可盲目冲动。不妨多问问自己的心，我想清楚了吗？当听到心里清晰的一声回答，我想清楚了，再去做也不迟。不做亏心事，本着善良，趋着光而行，才是正道。

北京

做一粒向日葵的种子

【中考真题】

从下面两个题目中任选一题，按要求写一篇文章。

①“共和国勋章”获得者、“杂交水稻之父”袁隆平说：“人就像一粒种子。”袁隆平以及他的这句话引发了你怎样的思考？请将“做一粒________的种子”补充完整，构成你的题目，写一篇文章。不限文体（诗歌除外）。

②有学者说：“读史使人明智。”了解过去，可以让我们增长智慧，对现实生活产生新的思考。假如有一部可以跨越时间的电话，可以打给过去的任何人，你会打给谁？想了解什么？打完之后会发生什么事情？请你以“我挂断了跨越时间的电话”为开头，发挥想象，写一篇故事。题目自拟。

要求：请将作文题目写在答题卡上，作文内容积极向上，字数在600-800之间，不要出现所在学校的校名或师生姓名。

【思路碎片】

北京的这两个题目让我眼前一亮，出得真心不错。题目一是以社会热点作为背景的。中学生不能一心只读圣贤书，两耳不闻窗外事，平时引导他们多多关注新闻，关注社会重大事件是很有必要的，那也是广泛阅读和积累人生经验的过程。

如果他们了解了社会新闻,对袁隆平说的“人就像一粒种子”的整段话应该有印象,袁老的原话是这样说的:“我觉得,人就像一粒种子。要做一粒好的种子,身体、精神、情感都要健康。种子健康了,事业才能根深叶茂,枝粗果硕。”

瞧瞧,袁老的话里,把题目已给完整说出来——要做一粒好的种子。什么是好?身体、精神、情感均要健康,方为好。换句话讲,就是要做一个健全的人。对尚处在成长中的中学生来说,选择做什么样的种子,尤为重要。

除了可以用“好”这个字来填补题目,我们还有无数填补的途径,温暖、阳光、希望、健康、坚强、可爱等词均可。只不过这些词都过于笼统了些,孩子们写起来,难以把握主题,使文字聚焦不了,容易造成文章结构松而散、空而大。

建议具体一些,具体到某一个小事物上去,比如,做一粒小麦的种子,从秋,到冬,到春,默默生长,积蓄力量,努力抽穗,奉献出一碗白面。哪怕做一粒青草的种子也好,顽强、自立,野火烧不尽,春风吹又生。这些种子,都具备一种精神,永怀信念,孜孜不息。这也是袁隆平精神的体现。这样确立主题,非常贴题。

题目二,由“读史使人明智”而延伸出去,给过去任何一个人打电话。这肯定是孩子们喜欢做的事,最大激发了孩子们的想象力。这样的作文不难写,标题也避免了千篇一律。读了这么多年书,孩子们的脑海中,总留下几个古人吧,给他们打打电话呗。比如给屈原。给陶渊明。给司马迁。给岳飞。给曹雪芹……各有各的心里话好说,就把他们当成倾听的对象好了。他们会帮你解开现实世界的一些谜团,拨开遮在你眼前的迷雾。

【梅子下水文】

做一粒向日葵的种子

在春天，用温水泡过一粒向日葵的种子，把它尖端朝下，插进土里，接着你就坐等奇迹的发生吧。

那真的是奇迹呀，不过四五天的时间，一粒小小的种子，就在地底下完成了裂变，拱破泥土，唱响一支春天的歌。这四五天的时间里，一粒种子到底经历了些什么？你不得而知。你见到的是它摆脱种子的样子，嫩嫩的两枚叶片，迎着阳光轻轻摆动，像可爱的小兽，睁开了眼睛。多好的世界啊！你仿佛听到它发出这样一声轻叹。

然后，它像春笋般的，以你肉眼可见的速度，向上蹿长。叶片由两枚，变成四枚，变成六枚，变成多枚。茎杆渐渐挺拔起来，快齐你肩高了。再过些日子去看，已超过你的头顶了。

你的日子就这么的，在向日葵的成长中，欣欣然翻过一页又一页去。转眼夏至，某天，你在它的顶部，突然发现长出了星状体的东西，你心里欢喜，啊，向日葵结花蕾了。彼时，它的叶片越发饱满了。它的茎杆，也越发挺拔了。

二十多天后，它的花，终于打开。简直像打开了一座金色的城堡啊，空气都是响亮的。“城堡”的外墙，是由多枚金黄的舌状花组成，它们紧密相挨着，围成一圈。城堡的中央，则住着无数枚棕色的两性管状花。远观去，这座“城堡”就是一个大花盘。这个大花盘挺立着，情绪饱满，斗志昂扬，迎着太阳的方向，把头颅昂起，再昂起。小时候我曾奇怪于它怎么总迎着太阳转呢，伸了小手，拼命拉扯那大盘的花，不让它看太阳，但我手一松，它弹跳一下，头颅又昂上去了，永不可折弯的样子。

不久，向日葵开始结籽了，一日一日，花盘逐渐变得沉甸甸的，望得见日月风光在里头喧闹。这个时候，它有了另一个名称，葵花匾子。真是形象得不得了的一个名字啊。你不可置信地盯着那葵花匾子，想，一粒小小的种子，居然结出了一匾子的葵花籽。这一粒种子里，到底蕴含着多大的力量啊！你浑身上下，都是惊叹。

如果让我选择做一粒种子，我一定会选择做一粒向日葵的种子，心怀金色的阳光，节节向上，永不改初衷。如凡·高画布上的那一丛向日葵，把生命的光和灿烂，燃烧给你看。

重庆·A卷

你的馈赠，点燃了我

【中考真题】

你那一刻的随意馈赠，

宛如秋夜的流星，

在我的生命深处点燃了烈焰。

——泰戈尔《流萤集》

上面的小诗，揭示了馈赠的意义。请以“你的馈赠，点燃了我”为题，写一篇文章。除诗歌外，文体不限。

【思路碎片】

重庆每年的中考作文题，都是二选一。今年亦是。出题人真是温和极了善良极了，二者相列，孩子们可根据自己对素材的把握，选一个相对容易的下笔。我以为，让每一个孩子都做到有话可说，这才是一个成功的作文题。

泰戈尔的这几句小诗挺有味道，我便挑了它来解析。“你那一刻的随意馈赠”——这句很有意思，这个“你”是谁？从泰戈尔的角度来说，十有八九是恋人。但我们可以把它往外延伸，这个“你”不单单指他爱慕的人，也可以是友人，也可以是任意一个陌生人。

这句里的“那一刻”和“随意”，说明是瞬间动作。赠予之人一个不留意，却在收赠之人的心中，划下一道深深的痕，点燃了一团火。这叫无意插柳柳成行了。有时，我们的一些个无意之举，往往能成就他人的人生。

接下来一句，“宛如秋夜的流星”，这里强调是秋夜，不是春夜、夏夜、冬夜。秋高气爽的晚上，一颗流星划破夜空，其光芒胜过春、夏、冬。用“秋夜的流星”来打比方，说明他收到的礼物之珍贵之稀罕，才有了后面的一句“在我的生命深处点燃了烈焰”。

那礼物真的很珍贵很稀罕吗？未必。那也许就是一件非常寻常之物，但要看是谁所赠予，是什么时候所赠予。说到底，礼物不重要，重要的是出自他看重的人的手。南北朝时有个叫陆凯的人，有一年到达江南，恰逢梅花开，他想到在北方的友人范晔了，好花应与友人共赏，方得意趣。他立即折了一枝梅花，托驿站信使捎给范晔，并附信一封，说出千古流传的名句来：“江南无所有，聊赠一枝春。”江南真的无所有吗？不，比梅花珍贵的东西多的是。但梅花是陆凯稀罕和珍惜的春天的样子，他把他的情感，附寄在这枝梅上。而接到这枝梅花的范晔，心里一定燃起烈焰，在他，这一枝来自陆凯的馈赠，抵得过江南的所有。

当然，泰戈尔的诗在这道题里只是起了个提示作用，并没有限制主题的延伸和发挥，孩子们完全可以放任自己的思绪，到天地间去寻找素材。天地如此之大，江山日月，花木虫鱼，哪一样事物不是对我们的馈赠？

【梅子下水文】

你的馈赠，点燃了我

晚上下班回到小区的时候，遇到邮递员老张，以前我们小区的信件都由他负责派送，我们因此相当熟识。现在他几无信件可送，便改送快递了。他一见我大喜，老师啊，有你的一封信，这两天我一直揣着呢，想当面交给你。然后，他掏啊掏啊，从他的邮件包里掏出一封信来，递给我，感叹道，老师，现在能这么寄信的人真的不多了呢。

我笑着点点头，讶异地接过信来。信封上老老实实贴着四张面值四毛钱的邮票，画面很美，是美丽中国——黑龙江雪乡风景照。信来自南方某大学，字体娟秀干净。我有些恍惚，从前的时光好像回转，日色很慢，车马邮件都慢。

回到家，我先轻轻揭开信封上的四张邮票，抚平收藏了，再拿剪刀，轻轻剪开封口，取出里面的信。两张漂亮的信纸，上面洒落着一些桃花瓣，一个一个的手写字，像活泼的小蝌蚪，穿行于桃花瓣中。

是一个叫许仪静的女孩子写的。女孩子在信的开头这样写道，知道吗梅子老师，你曾赠我一朵玫瑰，那朵玫瑰把我灰暗的天空，照得绚烂而明亮。我能走到今天，得感谢你。

女孩子告诉我，她是哈尔滨人，在她念初三的时候，我曾去他们学校做过一场公益讲座。当时，她正陷在绝望的情绪中，父母离异，加上自己成绩急剧下滑，让她觉得活着实在是件痛苦的事。她不知道自己每天都是怎么过来的，就跟行尸走肉般的吧。那天，她糊里糊涂被一帮同学挤到我跟前，同学都争着跟我说话，只有她，紧锁眉头，紧闭着嘴巴，一言不发。没想到我竟留意到了她，笑吟吟望着她，从怀里捧着的一捧花里，挑出一朵来，递给她："来，宝贝，这朵玫粉的，我最喜欢了，送给你。宝贝，要开心哦，每个不开心的日子，都是对自己的辜负。"同学们哇哇叫起来，羡慕地冲她喊："许仪静，你好幸运呀，梅子老师送你花了呀。"她好意外，愣愣地接过花去，只觉得心里有什么被点燃了，浑身重新获得一种力量。

那之后，每当她沮丧的时候，她就想到我送她的那朵玫瑰，想到我说的话，每个不开心的日子，都是对自己的辜负。她不想辜负。就这样，她努力认真地走完她的中学时代，走进大学。在信的末尾，她写道，梅子老师，你的馈赠，点燃了我。我也要成为像你一样的人，用爱去点燃他人的希望。

读完信，我挺惭愧，也挺欣慰的，我的一个随意之举，竟成就了她的人生。

四川 · 绵阳

忽然花开

【中考真题】

阅读下面材料，根据要求写作。

掌声是汗水的回响，智慧是思考的回响，文明是历史的回响……

请以“回响”为话题，写一篇不少于 600 字的文章。

要求：① 自拟标题；② 文体不限（诗歌除外）。

【思路碎片】

这道作文题的延伸空间相当大，所谓念念不忘，必有回响。你赋予万物以深情，万物必报你温柔以歌。从另一层面上来说，这里的回响，讲的其实是付出与得到。你走过的每一步，都会留下印迹。而那个印迹，就是对你行走的回响。

作为初中生，成长的经历有限，但每个考生总能找到一些发生回响的故事。可以是他自己身上发生的。比如向着某个目标努力了，克服种种艰难，终于到达。如同登山，起初仰望山顶遥遥，心生惧意，可终究还是克服惧意，奋力攀爬，途中也因艰难想过要放弃，但还是坚持下来，最后到达山顶。当他站在山顶俯视山下，山下风光尽收眼底。风呼啦而至，如同唱着赞歌。那一刻，心快乐得跳起舞唱起歌。这就是回响。

也可以从历史故事入手。每一个结局，都是对开头的回响。

也可以讲别人的故事。我们的身边不乏励志的人温暖的人，他们有光环加身，无一不是因为命运对他们付出努力的回响。

当然，这个故事还可以发生在人与动物间，人与植物间，动物与动物间，植物与植物间……这涉及写作中的一种表现手法：虚构。我们的生活经验毕竟有限，不可能事事亲历亲为。我们所遇到人和事也很有限，不可能每个人每桩事都能成为我们笔下的典型。这就要求我们能够借助于“虚构”，创造出一个新的生命新的典型出来。

所谓创作，是源于生活，又是高于生活的。而虚构，就是横跨在生活与作品间的最好的桥梁。它既真实地反映了现实，但又不完全等于现实。俄罗斯作家托尔斯泰，曾对写作中的“虚构”说过这样一段话：

> 假如直接根据一个什么真人来描写，结果根本成不了典型，只能得出某个个别的、例外的、没有意思的东西。而我们需要做的恰恰是从一个人身上撷取他的主要特点，再加上我所观察过的其他人的特点，那才是典型的东西。

从他的话里面，我们可以得出这样两层意思：一、要塑造好典型的人物，必须借助于虚构。二、虚构不是无中生有，凭空而来，它是来自于现实世界中的。只不过，它不一定发生在一个人身上，它已经融合了写作者的想象，把一些人的特征和事例，综合在一起，加到一个、或某几个人的身上去，却高度概括地、逼真地反映着我们的现实世界，引起读者的强烈共鸣。

【梅子下水文】

忽然花开

阳台上一盆仙人棒，忽然间开了花。花只一朵，艳艳的红，簪在仙人棒垂下的尾梢上。像在小姑娘长长的辫梢上，扎了一朵蝴蝶结，明丽、活泼、清纯。

太意外了！此前，我极少留意它。在一堆生机盎然的花草里，它的相貌实在过于普通，小柴棍似的垂着，乱蓬蓬的，无精打采着。装它的盆子也简陋，小泥盆，路边随处叫卖着的，一块钱一只。

是朋友送我的。朋友知我爱花，有次到我家来玩，顺便给我带了些花来，其中就有它。朋友说，这个好养，你不要管它。我也就懒得去管它了。偶尔想起它来，随手给它洒几滴水。它不声不响地饮了，棒棒上呈现褐红色，一副昏昏欲睡的模样，让我一度怀疑它要死去。一个月过去，两个月过去，三个月过去，四个月过去，它竟没有死，它竟开了花。生命许它平凡、弱小，它却报之以盛开以灿烂。

我想到英姐，一个我在西藏旅行时认识的女子。一个团三十人，来自全国各地，她在其中最是耀眼，五十多岁的人了，看上去像四十来岁，穿红着绿，十分艳丽。西藏天高地广，从一个景点到另一个景点，有时要开上十多个小时的车，我们疲惫不堪，叫苦不迭，唯她，一直是兴趣盎然的，一会儿唱一会儿跳的，竭力调动我们的情绪。她唱高原上的民歌，嗓音嘹亮，带着金属的质地，我们很快喜欢上她。

以为她定是从小受过熏陶，出身不俗。谁知她竟来自贫穷家庭，父亲有点智障，母亲是个聋哑人。小时候，她没少受过别人欺负。读书只念了个小学，母亲就不让她念了，因为家里劳动缺人手。小小年纪，她就扛起钉耙锄头，什么农活都干过，什么也都会干。到18岁时，母亲要给她招个上门女婿，是个比她大12岁的木匠。她第一次觉醒了，不愿一辈子就这样听任命运摆布，坚决不同意这门亲事。

村里人都跑来劝她，说，难得有人不嫌弃你家穷，难得有人肯上门跟你结婚，况且人家还是个木匠呢，荒年里饿不死个手艺人，多好的一门亲啊，你就别不识好歹了，过了这村就没这店了。母亲也冲着她哭，非要她答应了不可。

她一咬牙一跺脚，离开家了，从一个城，流落到另一个城。为了生存，她什么脏活苦活都干过。她人聪明，又好学，在餐店打工期间，她积累了许多经营经验。后来，自己找了间小门店，从卖一碗炸酱面开始，慢慢起家，最后，她拥有了自己的餐饮连锁店。这期间，她自学完初中高中课程，又自学完大学课程，还考上某名牌大学的MBA。多项兴趣爱好哪个也没落下，画画、弹琴、唱歌、跳舞、做瑜伽，还有旅游。她说，出身由不得人选择，但命运是掌握在自己手里的，向哪里走，走多远，自己说了算。

这会儿，她的话又在我耳边回响。我笑了，把盛开的仙人棒，捧至我的书桌上。艳艳的花朵间，仿佛有颗不屈的心在跳着舞唱着歌，叮叮咚咚，十分悦耳。

湖南 · 长沙

一朵开花的蒲公英

【中考真题】

语文老师陈老师是一位经验丰富的班主任，在指导写作的时候，她经常拟写“写作任务单”，引导同学们关注生活或学习中的“痛点”问题，并通过分享自己的生活经历与思考，达到“以文解惑，以文助人”的目的。

下面是陈老师拟定的一份“写作任务单”，请你根据这份任务单写一篇作文。

> **写作任务单**
>
> 痛点问题：一些同学内心缺乏自信，无论做什么事情都有畏惧感，总感觉到压力大，觉得自己不可能成功。
>
> 写作目标：或叙写自己的亲身经历，或讲述别人的故事，或阐述自己的观点，让缺乏自信的同学读了你的文章后受到启迪，增强自信，战胜自我。
>
> 写作要求：
>
> ①能对生活做出有价值的思考或建议，忌无病呻吟，忌空洞说教。
>
> ②题目自拟，文体不限，不要写成诗歌或者戏剧，也不要写成书信体。
>
> ③不少于 600 字，不得抄袭，不要套作，文中不得出现自己的真实姓名、校名等相关信息。

【思路碎片】

长沙的这道作文题，道出了许多“平庸”孩子的心声吧。他们因为“平庸”，总是活在别人的目光中，自卑、怯弱，而又孤独。

如何从别人的目光中抽身而走——这不单是孩子们，也是我们成人要做的事。每个人都有自己的成长时区和行走轨迹，谁也替代不了谁。只要尽心尽力盛放，谁也不比谁更优越。就像一朵牡丹和一朵茉莉，你说到底谁更成功？这个还真不好比较。做好自己就是最大的成功——考生如果能想通这一点，就有故事好写了。

写这类文章，切忌语言过分华丽，切忌用力过猛。你无须呼口号，就老老实实叙述一段故事，一个平凡人的故事。他不是大英雄，就是一个普通人，因自身的努力，在他的领域里，活成他自己想要的样子。落笔之时，想象你的对面，正坐着一位老友，在听你慢慢道来。节奏不要太快，就那样慢慢说着，水静流深。窗外的夕阳，就那样，慢慢落了。月亮升起来。

有时直白的表达，远比那些花里胡哨的文字，更能打动人。因为它充满真实的情感，所以，更有力量。

【梅子下水文】

一朵开花的蒲公英

十三四岁，她念初中。家境清贫，相貌平常。更让她无地自容的是，她成绩也不好，对物理学科尤其惧怕，每次考试，试卷上多的是红叉叉。这样的女孩子，完全是只丑小鸭。青春一节一节在长，可是，却没人在意她。

学校分快慢班，她自然地，被分到慢班去了。慢班里的学生，都是考试成绩排名靠后的，调皮捣蛋的多，自暴自弃的多，不爱学习的多。俗话说，坏木头浮一块儿了。对，就有人把这个班的学生，称作“坏木头”。老师们都不大待见他们，课是上着的，私下里，却都在抱怨，怎么接了这么个差班！对这个班的态度，多半是放任着的。就像放任野地里的野草，任它们随意疯长。

学校把学生如此划分等级，肯定是不公平的。可他们成绩靠后，却也是事实。每次看到快班学生，从慢班门前的走廊上昂首走过，跟骄傲的白天鹅似的，她的心里，就有说不出的难过，自卑得恨不得钻到脚下的砖缝里去。那个时候，她做梦都想变成快班中的一员，想让面朝黄土背朝天的父母脸上，因她，而生着荣光。

然等她每每扬起点斗志来，随即却又泄了气。她想，像她这样平庸的孩子，哪里有资格腾飞！她又得过且过着。直到有一天，她在教室后窗的墙脚下，发现了一簇蒲公英。那是终年见不到阳光的阴山背后啊，可是，那簇蒲公英，却硬是撑起了一朵朵的黄，仰面朝天，笑得又自豪又明媚。她呆呆凝望许久，掐下一朵黄，夹进了自己的书里面，暗暗对自己说，我也要做一朵开花的蒲公英。

她把自卑的时间，用来读书。她把暗自神伤自怨自艾的时间，用来做习题。她每天比别的同学起得早，为的是多背几篇课文。她每天比别的孩子睡得晚，为的是多做两道习题。她还坚持每天写日记，每晚临睡前，梳理一天的生活，问自己，今天我努力了吗？答案是，努力了。她这才放心入睡。她说，如果是只笨鸟，那么，我选择先飞。

后来，她成了慢班里，唯一一个考上重点高中的学生，全校师生惊叹。几年后，她又顺利考上大学，活成了一个光芒四射的人。一些年后，她被母校请回去，给全校师生做讲座。在讲座上，她讲了开花的蒲公英的故事。她说，每个人都有一座待采的矿藏，自信和努力，是打开这座矿藏的唯一的一把钥匙。

辽宁 · 大连

你在，就心安

【中考真题】

请以“你在，就心安”为题，写一篇文章。

要求：1. 以记叙、描写为主，可兼用其他表达方式；2. 内容充实，行文流畅，能够表达真情实感。

【思路碎片】

今年大连的中考刚结束，就有孩子飞奔来告诉我，梅子老师，我们考的作文题目就是你的《你在，就心安》呀。

我失笑。题目雷同，这实在是太过于正常的现象，不能因为我写过，它就属于我。不过那孩子接下去讲的话，我听了挺高兴的。她说，因为读过你写的，所以我写的时候一点儿也不慌张，知道怎么构思了。

写作的秘密，不外乎两个，一是多阅读，二是多练笔。阅读是摆在第一位的。不阅读，你无法积累词汇。不阅读，你的眼界无法开阔，思路无法打开。可以这么说，阅读是通向写作的桥梁。特别对于中学生来说，阅历有限，社会经验不足，只有通过阅读来提升自己，完成原始积累，到写作的时候，才能做到有话可说，有情可抒。

《你在，就心安》是我多年前写的一篇文章。这篇文章得来纯属偶然，那时我一个朋友生病住院，我心中时时牵挂着，每天都要问问她的情况。她病愈出院的那天，给我发信息表示感谢，她说，你真好，陪我度过了人生最艰难的一段时期。我回她，你在，就心安。当时绝对是脱口而出的一句话，她大为感动，把这句话设成她的 QQ 签名。

我拿这句话写了篇短文。人与人最深的情谊，莫过于你在。只要你在，整个世界便在。

我后来有本散文集的名字也是这个。

【梅子下水文】

你在，就心安

祖母八十六岁的时候，耳还不背，眼也不花，还可以坐在屋内眯缝着眼做针线。大她两岁的祖父却不行，一步已挪不了两寸了，他总是安静地坐在院门口晒太阳，一坐就是大半天。

两个人，不过隔着一屋远的距离，祖母却每隔十来分钟，要大着声唤一声祖父。“老头子！”祖母这样唤。有时祖父听见了，会应一声：“哎。”祖母笑，仍旧低了头，做她的针线活。有时祖父不应，祖母就会急，迈着细碎的步，走出门去看，看到祖父好好的，正在太阳底下打着盹呢。祖母就孩子般地笑嗔：“这个死老头子，人家喊了也不睬。”

我笑她：“你也不怕烦，老这么喊来喊去的做什么？”祖母抬头看我一眼，宽容地笑，说：“伢儿啊，你不懂的，知道他好好地在着呢，才心安的。”

心，在那一刻，被濡湿了，是花蕊中的一滴露。原来，幸福不过是这样的，你在，就心安的。粗茶淡饭有什么要紧？年华老去有什么要紧？只要你在，幸福就在。

我想起三毛和荷西来，那对爱情神话中的人儿，曾有过让人羡慕的家居生活。那时，她在灯下写字，他在一边看书，两个人有一搭没一搭地说着话。偶尔，她一抬头，叫一声荷西，亲爱的那个人，会缓缓回过头来，看她一眼。也没有多话，他们只温暖地交换一下眼神，然后，她继续快乐地写字，他继续迷醉地看书。但却有厚实的东西，渐渐填满了他们的心。你在，就心安，这是人世间最最温馨的相伴。后来荷西走了，她在灯下，再也唤不回他回眸的温暖了。尘世间再美的风景，也与她无关。她的心，是空的。十年后的某天，她终追了他去。

亦曾听一个女人讲过这样一件事，说她的爱人，在夜里睡觉时喜欢打呼噜，她习惯了听见他的呼噜声，每夜都是在他的呼噜声中入睡，睡得安稳又踏实。偶尔她爱人夜里睡觉不打呼噜了，她必定三番五次醒过来，伸了手去摸他，摸到他正均匀地呼吸着呢，她才会放下心来，继续睡。

初听时，以为笑话。其实，不是。人世间的爱情，莫不如此，就是亲爱的人，你必得在我眼睛看到的地方，在我耳朵听到的地方，在我手能抚到的地方，好好存活着。你在，就心安。是的，只要你在，整个世界，就在。

山东 · 济宁

松明的故事

【中考真题】

阅读下面的材料，按要求作文。

生活是一个牢笼，把我们困在其中不知所措，总有一天，我们会找到出路，向更好的生活迈进。

联系自身经历和感受，写一篇不少于 600 字的作文。

【思路碎片】

当河南的孩子把这道作文题拿给我时，我愣了一下。“生活是一个牢笼”——这样的说法，未免太悲观了些。

出题人的初衷是好的，它讲的是一个普遍现象，成长路上，孩子们总会遇到这样那样的不如意，常身陷其中，无力自拔，仿佛被囚于笼中。这个时候，怎么引导他们走出困境，显得尤为重要。

这样的题，写作的难度不大，是往努力奋斗、勇往直前、坚定信念等方面去的，我写过很多这样的故事，比如上面有篇《一朵开花的蒲公英》，放到这道题里，也不违和。

审题时，注意“联系自身经历和感受”这样的字眼。这是一个限制语，你写的故事，无论是真实的，还是你创造出来的，都必须以你的口吻，也就是要用第一人称“我”来完成叙述。

本来我写松明的故事，是没有第一人称叙述的。因为要切题，所以我在写完后，加了第一段和最后两段。

在写作中学会角度转换自由，也是我们要训练的一项写作技能。

【梅子下水文】

松明的故事

松明是我远房表叔的儿子。

他是个不幸的人，在过周岁时，就被医生诊断害了佝偻病。本是个花蕾般鲜嫩的幼童，却活生生褶皱得像一个浓缩版的小老头。

他从此，与佝偻病杠上了，吃药如同吃饭一样家常，病却不见好。同龄的小孩子在巷子里奔跑跳跃，像小马驹一样呼啸而去，又呼啸而来，他只能蜷缩在自家院子一角，陪着一窝蚂蚁玩。有时，他痴痴仰头望向天空，天空很高呢，云朵像风马一样飘忽。他多想变成一朵云啊。

到了上学的年纪，他也去上学，个头却比同龄孩子要矮许多。老师把他按在座位上，对他说，松明，你就坐在这里，不要乱跑，以免摔倒。又关照其他小孩，不要招惹松明哦。那些小孩齐声朗朗，才不会招惹他呢，他太小太丑啦。

他被孤立了，只能与书为伴。这使他的书念得比同龄孩子要好很多，每次考试成绩都是班上第一。大人们既为他感到高兴，又为他感到惋惜，唉，可惜了松明，这么聪明的一个孩子。

他心里跟明镜似的，听得懂大人话里的意思。悲伤是有的，但更多的是，不服输。或许我的病会好呢？他更努力地吃药，一顿也不落下，有时还偷偷多吃两颗，以为这样，病就能好得快些。却不曾想到，有一次吃多了药，导致昏迷，被抢救了好久，才捡回一条命。

十九岁，他读高三，个子还跟个孩童差不多，背部因骨骼变形而高高耸起，走路艰难，像只小鸭子在划水。成绩还是好，不出意外，他准能考个好大学，只是体检关怕难通过。他于是偷偷进行体育锻炼，一次在练习俯卧撑时，没能爬起来，他瘫痪了。医生说，他又患上了骨软化症。

床和轮椅，成了囚禁他的牢笼，任他再心高气傲，也飞不出去。他沮丧了绝望了，把一把药全倒进喉咙里，想一了百了，结果被人发现，他又被抢救回来。

“死”过一次，让他大彻大悟，只要还有一口气在，就要好好活着，虽腿脚不能行，聪明的大脑还在，明亮的双眼还在，健康的耳朵还在，那就没有他松明去不了的地方。他读书，他写诗，他画画，他编写搞笑段子，他把这些分享到网上，渐渐地，他拥有了众多粉丝。不少困于迷惘中的人，纷纷向他求助，把他当灯塔一样。后来，他认识了一个叫夏子的姑娘，那个姑娘患了同他一样的软骨病，她向他倾诉，他给她安慰，两个人的友谊日益加深。三个月后，夏子跑来他家，再也没有离去。

他们共同成立了个工作室，命名为“松明和夏子的广阔天地”，搞艺术创作，搞心理咨询。我每次到他们的工作室去，都见到他们在忙碌中，忙得不亦乐乎。

松明是我的一面镜子，我常用他来照自己，在我想妥协的时候，在我踌躇不前的时候。没有什么能囚住一颗想飞的心，除非我们自己囚禁自己。

山东 · 烟台

相守

【中考真题】

“扶”，《现代汉语词典》中主要义项有：①用手支持使人、物或自己不倒。②用手帮助躺着或倒下的人坐或立；用手使倒下的东西竖直。③扶助。请根据你的理解，自选角度，以“扶”为题目作文。

要求：①文体不限；②不少于 600 字（诗歌不少于 30 行）；③文中不得出现真实的人名、学校名和地名。

【思路碎片】

字典上有关“扶”的词语有二十多条，作为题目，少了严谨和生动。不过，对于孩子们来说，拿到这样的作文题，应该挺乐的，反正怎么写都不为过，只要与“扶”字有关就成。不知有没有孩子会写楼梯扶手的“扶”，上楼要借助于楼梯扶手的扶，心里才不恐慌，脚下才走得踏实——如果那样写，你还真不能判他写走题了。我还想到两种花：一种叫扶桑，一种叫扶郎。两种花的花枝和茎都很柔弱，得靠风扶着。哎，如果有孩子那样写，我觉得也很好。

总之，这是一个让人脑洞大开的字。世间万物，无一不笼罩在“扶”字里面，谁也离不开一个“扶”字，不是在扶别人，就是别人在扶自己，帮扶、扶持、扶助、搀扶、扶贫……你就撒开四蹄欢奔吧。

只是，拿它作标题，总觉得哪里不对劲。可能是我读诗词歌赋太多的缘故，固执地以为，我们的语文学习，首先学习的是语言的运用，这个语言，是以美打底的。而中学生的写作，尤其是初中生的写作，旨在唤起他们对美的感知。作为文章的标题，要有生动些的内涵。

因此，我在这篇下水文写完后收录时，把题目改成“相守”。相守是相互搀扶，是“扶”里头最深情的一种。

【梅子下水文】

相守

总在老街上看到那个卖豆腐花的摊子。

摊子撑着块大红油布做顶篷，在一街的灰黄之中，显得特别跳脱。大红油布下，摆着几张简易小桌和几条长板凳，一旁的一口大铁锅里，热气腾腾。

卖豆腐花的是个女人，四十来岁，肤色红润，胖胖的圆脸上，终日挂着一抹笑，望去可亲。客来，她手脚麻利地舀上一大勺豆腐花装碗，在上面滴上两滴麻油，撒下一小撮葱花、姜丝、萝卜丁、花生末、香菜末，再浇上一小勺炒好的碎肉末，那碗寻常的豆腐花，立马香气扑鼻起来。来她摊位的，多的是回头客，大家都说她人好，豆腐花料足，又好吃又干净。

我也忍不住跑去买豆腐花。去过一两次后，发现女人的身后，还搁着一张藤榻，藤榻上半躺着一个男人。男人手里把玩着一把茶壶，优哉游哉地和熟客们开着玩笑，笑声爽朗。我在心里鄙夷着这个男人，嘁，又一好吃懒做的！让自己的女人干活，他倒清闲得很。

后来，我见那男人一直躺着，女人不时抽空弯腰过去，把他的身子扶正了。我一惊，始才知道，男人原来瘫痪了。

也就时常光顾那里，为的是看看女人，看看男人，吃吃他们家作料多多的豆腐花。渐渐地，听说了女人和男人的故事。六年前，一次意外事故，男人身受重伤，昏迷一个星期后醒来，却丧失掉一切记忆，躺在床上，形同植物人。

女人不离不弃守在男人身边，不停地唤他，唤了两年零四个月，终于把男人唤回来了。

失忆的两年多里，男人如同走在一个黑不见底的隧道中，他很害怕，走着走着，他就躺下来，不想往前走了。每每这时，他都会听到女人急切唤他的声音，感觉到有一双温柔的手，从背后扶起了他。那个时候，没有人对男人抱有希望，连医生都说，这样的病难得有好转的。有人劝女人放弃，女人不肯。女人说，只要他还有一口气在，她的世界就是完整的。女人相信男人会回来的，这个信念扶持着女人，让她没有倒下。

客不多的时候，女人蹲到男人身旁，给他做按摩，从腰至脚，从脚至腰，一遍又一遍。他们头挨头地说些家常话，女人笑，男人也笑。那会儿，好似有个春天，荡在他们头顶上。男人什么时候能站起来呢？也许明天，也许后天，也许永远不会。那都不重要了。只要她在，他也在，他们就能彼此搀扶，把每一天都活成天长地久。

青海

如果老茧会说话

【中考真题】

阅读下面的材料，自选角度，自拟标题作文。

有一种竹子，它用了四年的时间，仅仅长了三厘米。但是从第五年开始，它以每天三十厘米的速度疯狂地生长，仅仅用了六周的时间就长到了十五米。其实，在前面的四年，竹子已经将根在土壤里延伸了数百平方米。

要求：1. 符合题意，中心明确，情感真实，语言通顺。2. 文体不限（诗歌除外），不少于 600 字。3. 文中不得出现真实的地名、校名和人名。4. 不得抄袭试卷中的材料及他人作品。

【思路碎片】

青海的这道材料题给出的材料，本身就蕴含了一个故事在内——是一种竹子默默成长积蓄力量的故事。

如果考生能把握住这样的主题，只要把主角——竹子，换成别的事物就成，也讲一个甘守沉寂奋发努力的故事。

除了竹子，可以成为主角的事物有很多。植物世界的花花草草，随便拎来一个都可以。动物世界的虫鱼鸟兽，也都可以请它们来当主角。不妨以童话的形式写，从弱小，到强大，付出别人不知道的努力。这很是考验孩子们的想象力。平时的作文训练，应该多让孩子们大胆展开想象，这样才能打破常规，另辟路径，给文字插上翅膀。

这些主角里，人是最好的主角，可以写自己的成长经历。如果自己没多少故事可写，不妨把笔落到身边人身上。身边人找不到可写的，不妨回忆下平时看过的新闻人物、平时听过的感人故事，创造出个新人来。对，虚构。虚构也是创作的一种方法，但前提是，你要有足够的素材来做支撑。

平时多留意身边的人身边的事，多看多听，到写作时，把不同的事物，揉合进同一事件中，这样虚构出来的作品，才具有真实性。

这类文章也可以写成议论文，从一种竹子的成长史说开去，联想到人的成长，万事不可操之过急，要有积蓄和等待的过程。

【梅子下水文】

如果老茧会说话

认识宁总，很偶然。那天，我去做义工，给一群留守儿童上课，宁总也去了，他带了新采买的课外读物，分发给那些孩子。孩子们对他很熟识，一见他就高兴地扑上去，亲热地喊，宁伯伯好。

宁总长得人高马大，壮实，憨厚，笑起来嘴边印两个深深的酒窝。他上身着一件简单的浅蓝色T恤，下身套一条牛仔裤，脚上穿一双运动鞋，整个人看起来很朴实很干练。有人悄声对我说，他的企业做得很大哦，签一单生意就是上千万。

他却不像个做大企业的人，掉头骑上一辆电瓶车就走了。装书的编织袋，他会一一收去，折叠好，放在车踏板上，笑笑说："下次还可以用的。"

后来，我们又遇见几次，也便熟了。有时他约我一起去做义工，有时约我喝喝茶。我开过他的玩笑，我说，宁总，你的生意做到这么大了，一定有独门秘诀吧？他笑笑回我道，哪有，一步一步走着就是了。

年底，市里召开各行各业的联谊会，宁总被一帮人围着起哄，宁总，你的企业现在正如火箭升天，给我们大伙讲讲成功的经验呗。他拗不过，上了台，憨憨地笑着说成功的经验谈不上，成长的经历倒是有的。

你们相信吗，我小时又瘦又小，别人给我起了个绰号，叫小酱豆。宁总开始了他的叙述。

想想吧，酱过的豆子连发芽的机会也没有哇，所以我没少受人欺负。我憋着一口气，在家门口装了个沙袋，天天对着沙袋打，心里说，我要长高我要长高。体育课上，我的同学绕操场跑两圈就吃不消了，我却要跑上十圈。你们猜结果怎么着了？别看我个头小，浑身肌肉却格外结实。一次闹流感，我们班绝大多数同学都倒下了，我竟然还活蹦乱跳的。别说，天长日久的锻炼还真是有效果。

到高中，我的个头像拔节的春笋似的，出人意料唰唰唰往上直蹿个头，变得又高又壮。春节回家，我舅半年没见我，一见我都不认识了。

我大学毕业，进了一家单位，只管看看文件发发资料，一天的时间就打发了。开头几天我自我感觉挺良好的，这多轻松啊。日子长了，我坐不住了，今天的工作重复着昨天的，明天的重复着今天的，老同事们喝喝茶逗逗花，大半天时间就过去了，我绝对不能这样活着。于是我辞掉工作，自己创业。

创业得要本钱，要经验，要人手。我什么也没有，那就从零开始吧。我捡过五年破烂，说了你们不要笑，我不晓得翻过多少垃圾桶呢。我又用五年的时间，走遍大江南北，进各家外贸加工厂打工、调研。再用十年的时间，睡工地，住厂房，一点一点，累积下现在这个外贸加工企业。

你们看我的手，上面全是老茧哎，我把它们当作是岁月奖励我的勋章。他冲所有人晃晃他的手，我们这才发现，他的手掌上，布满了厚厚的老茧。

“如果这些老茧会说话，你们猜，它们会说什么呢？”他低头看看他的手，笑出两个酒窝来，“它们会说，这世上，根本没有一步登天的奇迹，有的只是默默无闻的努力，才会换来厚积薄发的那一天。”

一屋的人看着他，鸦雀无声，旋即响起热烈经久的掌声。

河南

从第一页开始

【中考真题】

校报《芳草地》举办征文活动，围绕“开始”这一话题给出了两个作文题目，请任选一个，写一篇作文，向《芳草地》投稿。

（1）请以“从 ________ 开始”为题，写一篇记叙文，向《成长足迹》栏目投稿。

要求：①在横线上填写合适的内容，把题目补充完整，然后作文。②表达意图明确，内容具体充实。③ 600 字左右。④文中请回避与你有关的人名、校名、地名。

（2）请阅读下面材料，根据要求作文。

当你不知道该做什么的时候，不妨先把手头的事做好，把能做的事做好；当你不知道该怎么做的时候，不妨沉下心来想一想，多种渠道问一问，各种方法试一试。

这段话引发了你怎样的思考和感悟？请自选角度，确定立意，自拟题目，写一篇简单的议论文，向《生活哲思》栏目投稿。

要求：①观点明确，有理有据。② 600 字左右。③文中请回避与你有关的人名、校名、地名。

【思路碎片】

河南的这两道作文题，都是围绕青少年成长而展开的，非常棒。

题一关注的是成长足迹，感性多于理性。

题二关注的是生活哲思，理性多于感性。

两道题的难易度适中。题一侧重的是青少年成长中的小事情。孩子们在成长过程中，总会遇到这样那样的挑战，每一次挑战，都会迎来一个新的起点。比如，从零开始；比如，从今天开始；比如，从背好单词开始；比如，从学会善良开始；比如，从爱自己开始……不一而足。总之，“从什么开始”的外延无限大，只要稍稍动动脑子，孩子们操作起来应该很容易。区别就在于，谁的叙事能力更强些，行文更丰满些。要把一个故事说得生动有趣，就要做到条理分明，文字表述恰当，符合事物个性特征。另外，值得注意的是，这里“开始”的事情，是对你的人生产生深远影响的，是让你因此养成某种习惯，带动你其他方面的发展，并使你变得越来越好。

题二侧重的是青少年成长中会经常遇到的两种状况：一、好像无事可做，生活失去重心；二、有事可做，却无从下手。两者共同指向的其实是一个意思，就是要努力把该做的事和能做的事做好，不闲置时间，不虚度光阴。这也是这篇议论文的核心。

【梅子下水文】

从第一页开始

我们上初一，担任我们班主任的是个大学刚毕业的老师，她一开口说话就脸红，一团的和气。这样的老师自然管不住我们一群小猴子，没过多久，我们班就成了全校课堂纪律最差的班，各科考试成绩均不出意料地排在倒数。

我们升上初二的时候，换了一个班主任，教语文的，姓衣。是个中年男子，瘦高个儿，配了一张瘦长的脸，往讲台前一站，就跟一根瘦竹竿似的。

第一天上课，他对我们作了一番自我介绍后，一双小眼睛，从镜片后射出两道严厉的光，把我们扫视一通，稍作停留，这才一字一顿说道：

“我不管过去你们是好是孬，那一些，统统都成为过去了。此刻，现在，当下，你们在我眼里，就如同一本崭新的笔记本，打开来，里面空白无一字。那么，就请你们从第一页开始，好好写下你们今后走出的每一步。”

我们感觉到他的威严，一个个不敢怠慢，那节课没有一个同学敢开小差。他布置的课堂作业，也都认真完成。饶是如此，还是有同学被罚了重做，说是字迹不端正。“第一页就写得如此马虎，可以想象你的第二页第三页了。”他伸出细长的指头，轻轻敲敲那几个同学的脑袋，谆谆教导，“从第一页开始，就要端正你们的学习态度，养成良好的学习习惯。有个漂亮的开头，才有可能赢得漂亮的结果，明白吗？”

他会不定期抽查我们已学过的知识，每每都要从第一页开始查起。“温故而知新，第一页的知识都忘掉了，你们还知个什么新啊？”他说。他不单要求我们学习语文是如此，学习别的科目也要做到如此。我们也就习惯了，拿起课本复习，一定从第一页开始，依顺序而下，迅速把已学过的知识，在脑中过一遍，无一遗漏。

期末考试，我们班实现了逆袭，各科成绩均名列全校第一，所有人都对我们刮目相看。学校散学典礼上，他作为教师代表上台发言，他的话很简短：

“孩子们，人生是从第一页开始的，我希望你们把每天都当作第一页，认认真真写下属于你们的金色年华。祝你们假期愉快！”

这么多年过去了，我时常会想起他说的，人生是从第一页开始的。以此来警醒自己，不虚度光阴，不游戏人生，努力踏实地过好每一天。

全国新高考Ⅰ卷

开在悬崖上的点地梅

【高考真题】

阅读下面的材料，根据要求写作。

1917年4月，毛泽东在《新青年》发表《体育之研究》一文，其中论及“体育之效”时指出：人的身体会天天变化。目不明可以明，耳不聪可以聪。生而强者如果滥用其强，即使是至强者，最终也许会转为至弱；而弱者如果勤自锻炼，增益其所不能，久之也会变而为强。因此，“生而强者不必自喜也，生而弱者不必自悲也。吾生而弱乎，或者天之诱我以至于强，未可知也”。

以上论述具有启示意义。请结合材料写一篇文章，体现你的感悟与思考。

要求：选准角度，确定立意，明确文体，自拟标题；不要套作，不得抄袭；不得泄露个人信息；不少于800字。

【思路碎片】

高考了。

我在山东。

白天忙着一些琐事，到夜晚，看到四面八方发来的信息，嗯，无一例外的是，老师，你看到今年高考题了吗？你写了吗？我等着看哦。

我给一束花浇水，又给另一束花浇水。还有一束花，我也浇了水。我脑子没闲着，我看到江苏孩子要考的高考作文题了，全国新高考Ⅰ卷，我当时第一反应是，这题出得真不错啊，没有为难孩子们。

花浇好了，我调亮酒店房间桌上的台灯，定下心神，再看题，看出不一般来了。这题，貌似容易，讲的是“体育之效”，考生很自然就能联系到目前的全民健身，小到个人，大到一个民族，都要有强健的体魄，才能实现繁荣富强。然而，它极容易写撞车了，只把格局定位在强身健体上。也极易形成空洞说理，历史材料引上一大段，从秦皇汉武起，洋洋洒洒，殊不知那都是僵死的材料，你引我引，千篇一律，人云亦云，最终沦落成泛泛之作。

这题的中心在“因此”后面的一段话：“生而强者不必自喜也，生而弱者不必自悲也。吾生而弱乎，或者天之诱我以至于强，未可知也。”尤其落笔在“吾生而弱乎，或者天之诱我以至于强，未可知也”。结合说出这话的时代背景就知道了，青年的毛泽东这是觉醒了，心有凌云壮志，借体育之名，想唤醒万千大众，尤其是青年人，奋发图强，改变现实世界的混乱和软弱，翻身做主人。

• 高中生的文章，已渐渐趋向理性。但理性不等于情感的苍白和荒芜，只剩硬邦邦的说理和说教。纵使写成议论文，也讲究有理的同时，要有据。这个“据”，就是摆事实。让人信服的事实是活生生的，充满生机充满情感的。

文无定法，别拘泥于一定的条条框框，哪个文体用得顺手，就用哪个。又，文体和文体之间，有时很难划清界限，只要你能把道理说通了，让文字活色生香，又显得自然而然，就是好文章。做到切口小些，再小些。下笔轻些，再轻些。少唱高调，多低头，从尘埃里找，一滴水虽渺小，也能映照一个太阳。江河再宽广，也是由一滴滴水组成。不是非得上升到家国情怀不可，才叫高考作文。没有芸芸众生，何来的家，何来的国？民众强健，国家才强健。

尘世中，万千小小的生命，往往蕴含着巨大的力量，我们习惯地称之为坚强或顽强。殊不知，那坚强或顽强的背后，是这些小生命自觉的奋进和维护，它们一日一日，修炼出强健的体魄和灵魂，这才让自己在这个世上拥有了一席之地，可以放声高歌。

比如，悬崖上的一丛点地梅。

我落笔写下标题“开在悬崖上的点地梅”时，我确信，这标题少有人与我重复。文章的标题好比一栋房的门楣，人家读你的文章，首先看到的，是你雕镂出的“门楣”。门楣或精巧，或婉转，或忧伤，或清新，或直白，都直接影响着读者的第一印象。

有时，好的文章标题，会给你的文章直接加分。

【梅子下水文】

开在悬崖上的点地梅

六月里去贵州的梵净山，山上的植被最是葱茏，众鸟喧哗，每一寸空气都是翠绿的、清新的、活泼的，山光明净自不必说，最让我难忘的，是那丛绽放于悬崖之巅的花朵。

那是一大丛点地梅。花朵洁白，远观去，如同撒满了小雪花，又像在崖顶上摊开了一条素白的花头巾。由于悬崖太陡，下临万丈深渊，我近它们身不得，只能把相机镜头尽可能地拉近、再拉近，一朵朵小花簇拥到我的相机屏幕上，它们一律伸着纤细的脖颈，朝着天空，五瓣裂开，黄蕊素颜，言笑晏晏。

我等着，看有没有蝴蝶飞过去，哪怕飞过去一只野蜂也成，好为它们的盛开鼓掌，顺带帮着传播花粉，使它们能够子孙繁盛。我等了很久，却没有见到一只——这么高的山上，蝴蝶不到，野蜂不到。后来，我查阅资料得知，点地梅是可以靠自播繁殖的。在它完全孤立无援时，它努力实现自救，牢牢守住身下的一抔土，抓住路过的一缕风，这才有了灿然绽放，这才有了子孙绵延。

我很想深入这丛点地梅的内心。当它不幸降落于悬崖之上，无所依傍，它一定明了，只有靠自身的强大，才能抵御疾风厉雨，才能熬过孤独清冷。它生为弱者并不自悲，不怨天尤人，不自暴自弃，而是默默积蓄力量，努力强身健体，从上一年的八月底，一直到来年的六月，蛰伏隐忍，度过漫长的九个月，这其中遇到狂风肆虐，遇到冰雪侵蚀，但最终，它胜利了，完成了它的重生和盛放。

我想起少年时在乡下，有一户张姓人家，夫妻两个都是矮小瘦弱又笨拙的，干活从来干不过别人。他们的儿子，那时四五岁的年纪，整日里拖着一行鼻涕，浑身脏兮兮的，在一群聪明伶俐的孩子里，如同一只丑小鸭。村里人谁都瞧不上他们一家，认定这孩子，将来也是废物一个。谁知这孩子上学之后，人生竟一路“开挂”，考上名牌大学，毕业后，好多家大公司争着要他，他最后选择留在上海。原先优越于他的那些孩子，被他远远甩在身后。我爸有次跟我聊到他，说他现在可有本事喽，娘老子都享了他的福，被他接去上海住了。

自然界的万千生物，经过亿万年的优胜劣汰，能够生存下来的，无一不靠的是自身的强大。对于一丛点地梅来说是如此，对于我们人类来说，亦是如此。只有做到自我强大，即使身处崖端，也能开出花来。

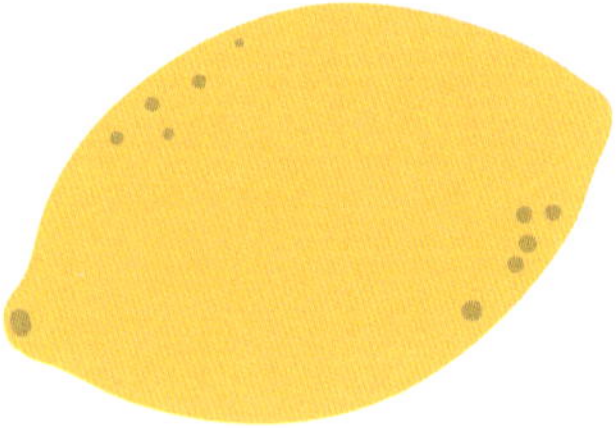

2020

上海

有一种甜

【中考真题】

题目：有一种甜

要求：（1）写一篇600字左右的文章。

（2）不得透露个人相关信息。

（3）不得抄袭。

【思路碎片】

看到今年上海市这道中考作文题时，我因连日来看多了各地中考作文题而显得沉郁的心，得到少许安慰。

出题人是温柔的，他们没有为难孩子，没有扭曲语文，没有暴力“写作”——这项在语文学习中必掌握的技能。他们让语文回归到生活和美的范畴，而不是把作文试题弄成智力竞赛题（让学生猜谜般地去猜题意），也没有哲学化学术化，——哲学什么的，那是有专门的学科去教孩子们的。

语文是什么？《现代汉语词典》上解释得很简单，就是“语言和文字”。

中学语文课本的语文，则是指语言和文学。文学的构建，离不开语言。所以，在一定程度上，我们的创作，其实是在继承和创造语言。换句话说，是在继承和创造美。这个美，涵盖了我们生活中的喜怒哀乐酸甜苦辣，它是鲜活的，有朝气的。我们学习语文，旨在培养有温度有朝气的人。我是大大不赞同把语文的作文，弄成解数学题似的，公式化、模式化、口号化、神秘化，搞得我们的孩子，对语文学习再不会发自内心喜欢，更谈不上热爱了，让本来无比美好的语文，面目可憎起来。

“有一种甜”这样的作文题多好，它能唤起孩子心中的美好。在孩子成长的道路上，渐渐有了诸多烦恼，他们清澈的眼睛里，也日益有灰尘飘入。可是，总有一种甜，抚慰过或正抚慰着他们的心灵。也许是来自父母亲人的，也许是来自老师同学的，也许是来自陌生朋友的，也许是来自一本书或一首音乐，也许是来自一顿美食……世事不管多么艰难，只要还有那么一点甜在，就足以让他们重新喜欢并爱上这个并不完美的世界。

【梅子下水文】

有一种甜

近来，我总要想到一对母女，想到小女孩脸上那清澈无邪的笑，有一种甜，便慢慢在空气里荡漾开来。

那是一个月前的一天，我在一个陌生小镇候车。车晚点了，我等得极无聊，四处转悠，好打发时光。彼时，天色向晚，车站上的人不是很多，一个男人脚跟边蹲着几只鼓鼓的行李袋，手里端着一桶泡好的方便面，埋头吃得欢。方便面鲜辣的气味，染得他周遭的每一寸空气，都是鲜辣的。隔他两个座位的距离，一对年轻男女头倚着头，在说着悄悄话。在他们的对面，坐着一中年男人正翻看着手机，大概遇到什么好笑的事了，他不停地笑，笑出声来。

然后，我就看到那对母女，她们站在过道口。小母亲不过二十来岁，小女孩至多三岁。母女俩穿着都极普通，套了件简单的浅色 T 恤裙，胸前印着一颗红红的爱心图案，活泼、明丽、温暖。小女孩被小母亲抱在怀中，她不安分地扭动着小小的身子，两只乌溜溜的大眼睛，四下里打量着。当她的目光与我的目光相接，她停住不动了，好奇地看着我，看着看着，就冲我笑了，笑得万物萌动，春暖花开。

她的笑感染了我，我也笑了，逗她，冲她挤眼睛、噘嘴、招手。她越发笑得欢了，且害羞地把小脸藏到母亲怀里。只一会儿，她又探出头来，冲我欢笑，我亦继续冲她扮鬼脸，逗她。她笑得手舞足蹈，又把小脸藏到母亲怀里。如此三番五次，就跟捉迷藏似的，她乐此不疲，我亦乐此不疲。无声的交流里，她的点点欢笑，像一汪汪蜜水，洒落在我的心头。车来。我有些恼着车子怎么就来了？我真的愿意，在这个小女孩纯真的笑里面，多停留一会儿。那是尘世里的初相见，澄明，欢愉，甜蜜。

安徽

遇见更好的自己

【中考真题】

请阅读下面的文字，按要求作文。

我们可以不美丽，但我们健康。我们可以不伟大，但我们庄严。

我们可以不完满，但我们努力。我们可以不永恒，但我们真诚。

——毕淑敏《精神的三间小屋》

请根据上述材料，选择一个方面，联系你的经历和体验，写一篇不少于600字的作文。

【提示和要求】

（1）自拟标题，自选文体；

（2）文中不要透露个人的身份信息；

（3）抄袭是不良行为，请不要照搬别人的文章。

【思路碎片】

这道题里，有四组相对应的词语：美丽——健康，伟大——庄严，完满——

努力，永恒——真诚，它们有时并不是彼此孤立，而是相互渗透、相互交融。

美丽、伟大、完满、永恒，这些闪光的特征，能真正拥有它们的人很少。绝大多数人，都是平凡人，与美丽、伟大、完满、永恒隔着一段距离，但是，没有关系，我们还拥有另外一些品质——或健康，或庄严，或努力，或真诚，这些都是财富，它们会使我们变得美好一些，再美好一些。

拨开材料所设的重重迷雾，我们可以看见里面的内核——我们都不是完美的人，我们都拥有趋向完美的能力。

如果能思考到这里，孩子们下笔再写应该不难了，写一个与自己的健康（身体健康和心理健康）、庄严（活得有尊严）、努力（不放弃）或真诚（善良诚信）相关的故事就成了。

写成散文也是个不错的选择，更容易把健康、庄严、努力和真诚这几个观点都融合进去。

【梅子下水文】

遇见更好的自己

亲爱的妍妍，你的来信我认真读了。

十六岁，多好的年纪！

我想我的十六岁了。

那个时候，我从乡下考到镇上的完中去读书。我穿着我妈纳的土布鞋，我背着我妈缝的花格子书包，被城里同学取笑，乡下土包子。我像只慢慢爬行的蜗牛，自卑地背着一只重重的壳——我家境贫寒，长相算不得出众，又算不上顶聪明。值得庆幸的是，我身体健康，灵魂自由。我可以和别的孩子一样，坐在教室里读书，一样地享受阳光、清风和明月。

我爸妈是农民，他们没有任何可以让我凭借的背景，也跟我讲不了什么人生大道理，只是把做农活的农具给我备好，有钉耙，有锄头，有扁担。我的出路写得明明白白，倘使书读不下去，只有回家，回到我那偏僻的乡下，以后找个人随便嫁了，重复着祖祖辈辈的日子。

这很现实。命运由不得我作出另外的选择，我必须埋头好好读书。我信，勤能补拙。当别的同学在睡觉的时候，我在学习；当别的同学逛街的时候，我在学习；当别的同学玩耍的时候，我还在学习。我没有美丽，没有高贵的出身，但我有健康，有一颗不屈的灵魂——我付出百分之一百的努力和勤奋，让它熠熠生辉。

是的，我很勤奋，这个习惯，从我少年时就养成，一直到今天，都未曾有所改变。它没有使我变得有多杰出有多了不起，但足以使我变得更美好，使我遇见更好的自己——一个自信、真诚、饱满、充满阳光的自己。

妍妍，不知你有没有从我的成长经历里，得到少许启发。你说你不优秀；你说你很渺小；你说人生短暂譬如朝露，一切皆是虚空；你说自己很差劲，没有一件事做得完满……你把自己说得一无是处，浑身上下好似千疮百孔。我笑了，你这真是“不识庐山真面目，只缘身在此山中”呢。且不说你的年龄——十六岁，是多少人羡慕且回不去的好时光，就拿你目前拥有的来说吧，你的眼睛能看，耳朵能听，开口能言，握手能写，迈步能走，这是万金难买的健康啊。你还拥有独立的人格和大脑，拥有自己的空间和时间，相对那些被困于病床上的人来说，你富可敌国呢。

妍妍，人生虽然短暂，但每一粒时光，都是含着香的，不辜负方得永恒。这世上，十全十美的人是不存在的，谁都有着不足，谁都有着软弱和不堪，谁都不能包罗万象，谁都不是全能。正因如此，我们才要在这个世上，寻找美好，一点一滴，润泽我们的人生。最终，相信会遇到一个更好的自己。

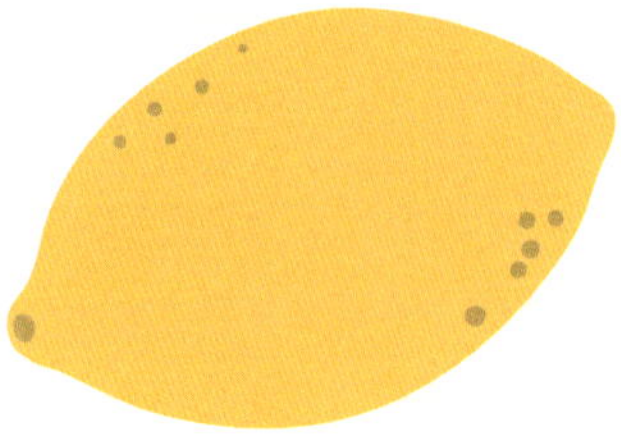

广东 · 广州

我能为你做点什么

【中考真题】

请以《我能为你做点什么》为题，创作一篇文章。

要求：①文体自选，诗歌除外。② 600 字以上。③文中不能出现考生的姓名和所在学校名称。

【思路碎片】

这个题目有点儿意思，很口语化，貌似平常一句相问：你遇到什么麻烦了，我能为你做点什么？

一场新冠疫情突然席卷全球，让多少人多少家庭沦陷其中，手足无措。这个题目是在这样的背景下产生的，有所指向，不言而喻。世界是普遍联系的，我们每个人都不是局外人，每个人都需要得到别人的帮助，每个人亦都可以帮助别人。同心协力，众志成城，方能赢得岁月静好。这个时候，“我能为你做点什么”，就显得特别重要。

寻常日子里，“我能为你做点什么”也应该是人们常挂在嘴上的一句话。冰雪融化需要春风的助力，花朵盛开离不开雨水的滋润，弱小的需要强大的扶持，自然环境的清洁需要大家共同维护……地球，我能为你做点什么？家园，我能为你做点什么？亲人，我能为你做点什么？陌生人，我能为你做点什么……思路打开到这里，可以发出千万声问。可写成小故事，也可写成散文、议论文或书信。

写这类文章，不可过分拔高，不可过分庄严正义，那显得作假和失真了。曾看到这样一段话，印象深刻：

> 话，不能说得太满，满了难以圆通；调，不能定得太高，高了难以和声。

我以为，它对我们的写作，也有着一定的启示意义。写文章，话不能说得太满，满了就没有回味了。调不能定得太高，高了就离地面太远了，回应不了。我们都是普通人，那就从普通人的立场去看世界，用我们拿得出的热情和真诚，去爱这个世界。

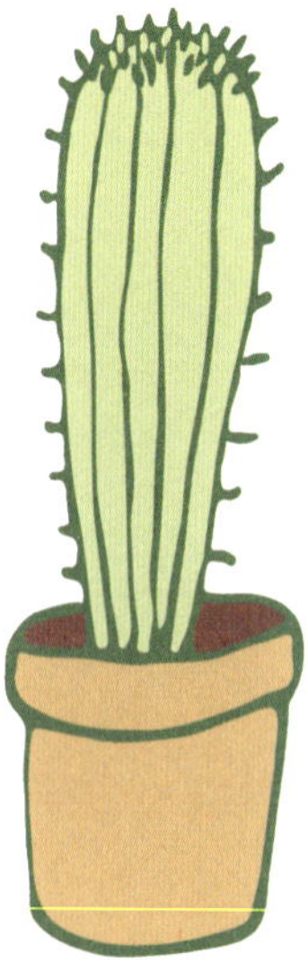

【梅子下水文】

我能为你做点什么

我们一行人去参观一个小学校园。

小学校园建在半山腰上。校园内环境优美，植物繁多，各种花卉竞相绽放，鸟雀欢腾。我们直直叹，孩子们生活在这里太好了，就像生活在一个大花园里。谁知更叫我们惊叹的还在后头，他们竟建了一面长达 20 米的涂鸦墙，任何一个孩子都可以在上面随便涂鸦。

我们走近涂鸦墙，看到上方横着一行立体字：世界，我能为你做点什么。孩子们已在墙上涂了许多画作，斑驳一片。陪同的老师介绍道，我们鼓励孩子们做些力所能及的事情，有的孩子觉得他做的事情很有意义，就跑来这里画上几笔。这里的每一幅画，都代表孩子们为这个世界做的一件事。

我们饶有兴趣凑过去看，孩子们拙嫩的笔法，无不透着明净和活泼。每一幅画旁，都有孩子认真题写下来的一句话：

——我把迷路的小鸟送回家。画面上，一小孩攀着梯子，托举着被风刮下的鸟巢，把它送到树上面去。鸟巢里，露出小鸟的头。下面，是貌似父母的大人，正扶着梯子，仰头笑着向上望着。

——我拉住妈妈等红灯。画面上，红灯亮了，一小孩撅着屁股，扯住作势要向前奔去的妈妈。

——路上的果皮被我捡起来，扔进垃圾桶。画面上，一小孩举着手上的果皮，奔向道路旁的垃圾桶。

——我给奶奶洗脚。画面上，一小孩半蹲着，手探进一盆清水里。清水里泡着一双老人的脚。老人坐在床边，身上披着一件外套，脸上的皱纹都笑成一朵花。

——我到敬老院给爷爷奶奶们表演节目啦。画面上，一群老人围坐在一起，他们神情欢愉，看着中间一个跳舞的小孩。

——我栽下了一棵小树。画面上，一小孩正给一棵小树培土。旁边站着两个大人，笑眯眯看着他。

——我收留了一只流浪猫。画面上，一小孩抱着一只小猫咪，往远处一幢房子走去。那幢房子上，写着一个大大的“家”字。

……

我们越看越感动，这些可爱的童心里，住着太多美好，清泉一般的，洗涤着这个世界的尘埃。

一群孩子走过我们身旁，他们扬起手臂，绚烂地笑着，朝着我们打招呼，老师好。然后，小鸟一般地飞远了，留下花朵一般的馨香。世界，我能为你做点什么？这个小学校园，已给出最好的答案。

江苏·连云港

你的光照亮了我的世界

【中考真题】

请以“你的光照亮了我的世界”为题，写一篇作文。

要求：①除诗歌外，文体不限；

②不少于 600 字；

③文中不得出现真实的地名、校名和人名；

④书写要正确、规范、美观。

【思路碎片】

我曾对写作打过一个比方，写作就好比裁缝裁衣服。裁缝在裁剪衣服前，必须对他的服务对象了然于心，是男是女，是大人是小孩，是胖是瘦，是高是矮，他要做到心中有数。

明确了具体对象后，就进入选材阶段了，他得挑出合适的布料。布料的好坏，直接决定了衣服成品质量的高低。

接下来，到了极为关键的一步：设计样式。领口怎么开，袖口怎么放，哪个地方要多放些褶皱，哪个地方要来个装饰，直到该配什么样的纽扣，处处都透着匠心。

写作也是这般。你首先要明确创作的对象，也就是主题。“你的光照亮了我的世界”的主题很明朗，就是“你”和“我”发生关联，对“我”造成一定积极影响。

有了主题，下一步就是挑选合适的“布料”了。这道题的“布料”是“你的光”。这个“你”，真是广阔无边呢。可以是人，可以是物，可以是日月星辰，可以是花花草草，也可以是书，是诗，是画，是音乐，是舞蹈，是建筑，是你曾吹过的笛子、养过的小狗……总之，在我们的生命里，总有那样一个或多个“你”，曾照亮我们前行的路。

最后一步当然是“设计样式”了。如何开头，如何运用合乎身份的语言，如何进行环境渲染，如何划分段落，甚至连标点符号该怎么灵活使用，都是设计中不可忽略的一部分。同样的材料，有人把它做成高档时装，有人却把它搞成廉价的地摊货——写作中，谋求好的布局，对作品的成败，至关重要。

【梅子下水文】

你的光照亮了我的世界

冬天的天黑得早，往往六点不到，夜已经把村庄结结实实抱住了。炊烟熄了，鸡进窝了，羊不叫了，人语声也渐渐低下去。很快，一个村庄安静下来。我在心里面作着挣扎，要不要出门去呢？伸头到门外看，一股寒风拂面而来，天上朦胧着一个月亮。

彼时，我十二三岁。听多了乡人们的鬼故事，是顶怕走夜路的。然强烈的出门欲望，还是战胜了寒冷和恐惧，我把自己裹得严严实实，出门了。我要去六里外我的语文老师家里借书回来读。长夜漫漫，对我来说，倘若没有书可读，实在难熬。

是的，我爱读书。然我家里实在太穷，根本没有钱买书，我只能靠借。我的语文老师拥有一箱子的藏书。因我的语文成绩突出，他借过我两本，我起了贪婪心，想要把他一箱子的书全部读完。

我一个人走在夜色中，月亮的影子，在地上忽隐忽现。风从田野尽头吹过来，带着霜的清寒。不时有狗吠声响起，村庄显得越发静了，静得像口古井。我听到自己的脚步声，嚓嚓嚓的，落在渐渐冻硬实的泥地面上。我不免战战兢兢，生怕从阴暗处的草垛子后面钻出个什么来。然一想到就快到老师家了，我又勇气倍增，脚步变得轻快起来——那一箱子的书，在前头牵引着我，闪闪发光。

我最终把老师的一箱子书读完了，以优异的成绩考进城里读高中。我黝黑着一张脸，穿着我妈纳的布鞋，背着我妈缝的格子布书包，走在一群白衣飘飘神采飞扬的城里孩子中间，很是格格不入。我自卑得如同一株狗尾巴草。

学校有间阅览室，里面陈列着不少书籍，我讨得看管阅览室的阿姨的欢喜，一本一本问她借阅。当我捧起书，我立即进入到另一个世界。那个世界里，有庄子的大智慧。庄子说："天地有大美而不言，四时有明法而不议，万物有成理而不说。"真正的愉悦和美，原是来自于内心的简单、清宁和谦卑。那个世界里，有刘姥姥的大慈悲。她同情贾府贵族们的"贫血"，甘愿装疯卖傻逗他们一笑。后又在危难之际，救王熙凤的女儿于水火之中。这样的慈悲，才是人类真正的高贵。那个世界里，有简·爱的尊严。简·爱铿锵有力地说："我们的灵魂是平等的，就如同你我走过坟墓，平等地站在上帝面前。"她的觉悟，是无数心灵的觉悟。那个世界里，有赫思嘉①的百折不挠。赫思嘉说："毕竟，明天又是新的一天。"我如听天籁，如得神启。合上书，我默默微笑，是的，走下去吧，明天又是新的一天。

那个贫穷而自卑的女孩，就那样，被一册一册书籍照亮。虽身处孤独，而不寂寞。虽经受贫穷，而不丧志。虽遭遇挫折，而不气馁。她终走到她的光明处，活出了生命应有的生动、温暖和美好。

①编者按：即 Scarle tt · O'Hara ，又译斯嘉丽·奥哈拉。美国作家玛格丽特·米切尔长篇小说《飘》中人物。

山东 · 菏泽

景致

【中考真题】

阅读下面的文字，按要求作文。

景致在山水之间，这是大自然的杰作。景致在生活深处，这是人与人碰撞的火花。因为留心，我们就有了一些关于景致的记录和感悟。

请以“景致”为题，写一篇文章。

要求：①将题目抄写在答题卡上。

②除诗歌外，文体不限。

③不少于 600 字。

【思路碎片】

菏泽的这道作文题真是很友善啊。我相信，拿到试题的孩子，没有一个不能涂写两句的。

何况题目中还给了足够的提示？ 自然之景是景，生活之景也是景。天空之下，大地之上，可写的景致实在太多，哪怕写个日出，写个黄昏，写个月亮的晚上，写个下雪的清晨……人生处处是风景。

景致又有实景和虚景之分。实景是肉眼可见的，自然之景、生活之景都算；虚景却只能意会。比如杨绛就曾说过这样的话，人生最曼妙的风景，是内心的淡定和从容。

对于初中生来说，写实景容易，写虚景难些。好，那么就从实景入手。截取一个或感人，或温馨，或热闹，或生动的画面，最好再加点个人感悟在里面——再美的画面，如果没有人的参与，它也是单薄的。

写这类文章，注意不能过分浓墨重彩地抒情，啊啊个没完没了。也不能排比句个没完没了，像什么蜿蜒的巨龙、飞舞的白练、沉思的巨人等等，给人不着边际的感觉，空洞得很。还是从小处着眼吧，让语调和文字，都平缓下来。你可以从一片叶子开始写，从一朵花开始写，从一个人开始写。你放心，那一片叶子、一朵花、一个人，也能承载起你的赞美。读者会随着你的描写，一步一步走进你设置的情境中去，读到最后，他们会不由自主发出一声感叹，啊，你笔下的景致真是美啊！

如果是这样，你的文章，就是非常成功的一篇文章了。

【梅子下水文】

景致

四月里去菏泽看牡丹，好景致处处皆是。这里数丛赵粉千娇百媚，那里一片魏紫华丽雍容；这里朵朵洛阳红璎珞满身，风华绝代，那里枝枝二乔绫罗绸缎，顾盼生姿……人的眼睛是忙不过来的，不晓得先看哪一朵才好。我的脑子里蹦出宋人范纯仁写牡丹的诗句来：“国色鲜明舒嫩脸，仙冠重叠剪红云。”再细看每一朵牡丹花，哪一朵不是仙冠重叠仙气飘飘的呢？鲜明芬芳，叫人愉悦。

小蜜蜂们也是一景。它们成群结队，嗡嗡嗡飞着，慌张得不行。也是，这么多的好花，叫它们先亲近哪一朵才好呢？它们简直要愁死了。我见到一只，终于下定决心，飞进一朵粉紫的牡丹中，埋头敞开肚皮喝呀喝呀，很快沦陷了。等它醒悟过来，撅着肥圆的屁股，努力想飞起来，却怎么也飞不起来——它喝太多的花蜜了，怕是醉了。几个赏花的游客看到这景象，哧哧哧地笑起来，打趣道，哎呀，这是贵妃醉酒呀。我在一边听乐了，忍不住告诉他们，此品种的牡丹，真的就叫酒醉杨妃呢。他们惊奇了，真的呀，这么巧呀。举起相机，对着那丛牡丹，拍了又拍，兴高采烈。

我觉得他们有趣，接下来便分了一半注意力，给那些赏花的人——人永远是最好的景致，他们看花，我看他们。我看到每个人的脸上，都晃荡着阳光和花影，又洁净又柔软。有妇人编了牡丹花的花环卖。她手臂上套着花环，篮子里搁着花环，在人群里穿梭着，香气四溢。有姑娘买了戴头上，那姑娘立时光彩照人起来。

有青年坐在园子边画牡丹。竖起的画架上，一丛桃粉的牡丹微微绽放，似有香气从上面溢出来。他在一旁写上：独立人间第一香。我看着心动，问他：“怎么卖的？”他笑回：“一百块钱一幅。”掏钱，买下。他谢了我，重新铺开画纸，泼墨挥毫。我走不远，回头，看到他的身边又围上了人，在等他的画。他是坐在轮椅上的，他的身影映在一片花海里，本身就像一幅画。

他画的牡丹我装裱起来，挂在了我的书房里。每日看书倦了，一抬头就看到了，那日的景致扑面而来，那些花，那些蜜蜂，那些人，那个坐在轮椅上的青年。

四川 · 成都

出发

【中考真题】

艾青有一首小诗《盼望》：

一个海员说
他最喜欢的是起锚所激起的
那一片洁白的浪花……
一个海员说
最使他高兴的是抛锚所发出的
那一阵铁链的喧哗……
一个盼望出发
一个盼望到达

“出发”和“到达”，你更盼望哪一个呢？请任选其中一个词语作为题目，写一篇文章。

要求：①要有真情实感；②自定立意，自选文体（诗歌除外）；③不少于600字；④不得抄袭、套作；⑤不得出现真实的人名、校名和地名。

【思路碎片】

出发就是为了到达。到达又会开启下一轮的出发。这两者，并非是水是水火是火的，而是相互连接、两两相望着的。只要活着，我们就一直奔波在路上。因此无论是写出发，还是写到达，都不难，写出自己的特殊经历即可。

我本来是打算写一个故事的，故事也有了，是自己十岁那年，父亲带我走亲戚的事。亲戚家住在离我家三十里外的老街上。十岁之前，我从未离开过生我养我的村庄，那是我第一次要出远门，兴奋得几乎一夜未眠。清早起来，换上干净的衣衫，只等着我爸说一声，出发，我就飞奔出门了。

我爸却不慌不忙，还拎着钉耙去地里挖了一块地，到得日头爬到我家厨房上头了，才跟我说，出发吧。我等得那个心焦啊。

那日，我们走的水路，乘着一条船去的老街。沿途种种，在我印象深刻，反倒把目的地——要去的老街给淡忘了，只希望那条水路一直走下去，走到永远。

类似的故事现在的孩子也都应该有吧？写出来就好了。每一个故事，都有它特殊的滋味，只要你能刻画得当。

我后来舍弃写故事，而把它写成散文，是因散文的容量更大，更能把这个主题说得浅显、明白又深刻些。

【梅子下水文】

出发

我喜欢出发。

有时并没有明确的目的地，只是走着。

我很爱那种漫无目的，沿途的所有，都是未知的、充满期待和想象的。谁知道下一个路口，等着我的是什么呢？因为未知，人生多出许多探求的曼妙之趣。

在早晨出发，光明驱散黑暗，万物吐露清新。我会迎来朝霞和日出，迎来含着晨露的鸟鸣和清风。遇到早起的陌生人，我不由自主地微笑致意。昨日诸多烦忧，经一夜好睡，已彻底放空。今日是个新的日子，路上的一切也都是新的、有着蓬勃生机的。我喜欢这种蓬勃生机。

在黄昏出发，常常会遇见一个石榴红的夕阳。天边云彩铺陈，山峦叠嶂，又是另一番景象。群鸟归巢，行人匆匆，静默的窗口，有灯光次第亮起。每一扇窗户，都有守候的人。尘世如此温暖，星星们在天空中跳起了舞。这时，我会祝福每一个善良人，愿他们都拥有一个好梦。

在春天出发，会遇见很多草的故事花的故事蜜蜂的故事蝴蝶的故事。生命的欣欣然，会从每一个毛孔里钻出来，感觉自己仿佛新生。有一年春天，我迷失在贵州一个大山里，遇见在草丛里嚼着花的一头牛，它从一丛金黄的蒲儿根里抬起头，看我很久。我也看它很久，隔着那些欢实的小花。后来，我时常回味那一幕，不自觉地笑起来，好像我的出发和迷失，就是为了那一刹那的遇见。

在夏天出发，我会有幸走回陆游的家乡去，“水满有时观下鹭，草深无处不鸣蛙”。也会时时可遇“接天莲叶无穷碧，映日荷花别样红”。还会遇见许多的蝉，它们说着不同的方言。南方的蝉叫声锵锵激越，如大鼓在擂。北方的蝉叫声撕裂怒号，还稍带个闷哼的尾音，似有冤屈未解。在陌生的村口歇脚，我正听着树上的蝉叫呢，辨别着它是南音还是北音，一村民提了一篮子桃出来，问我，买吗？我家树上长的。我定睛看去，个个都饱满似王母娘娘寿宴上的蟠桃。我说，仙桃呀。村民接口道，对呀，仙桃呢，吃了长寿呢。我们相视大笑。后来他非请我吃桃不可。现在，每到夏天我都会想起他，我祝他年年夏天快乐。

在秋天出发，层林渐染，天地间流溢着斑斓的色彩。无论你走到哪里，都有红的黄的色彩来迎。又秋声旖旎，虫鸣如雨，落霞孤鹜，秋水长天。这个时候，宜往深山里去，不定是哪座山，随便一座山吧，都会让你领略到“霜叶红于二月花”之景趣。你还可以遇到一些果实，想采了吃，就采了吃吧。去年，我在仙居的一座山里，遇到成片的高粱泡，我采了一把又一把。酸酸又甜甜的滋味，让我至今回味不已。

在冬天出发，天地间删繁就简了，树木都赤诚来见。所有的生命，都变得心思单纯。多好啊，遇到太阳时，就和路边的猫一起晒晒太阳吧。遇到蜡梅开了，就和鸟儿们一起，闻闻蜡梅香吧。遇到下雪了，就停下来看看雪吧。白茫茫大地真干净啊。那个时候，身体和灵魂，都是洁净的，无所牵扯的。

人的一生，其实都是在不断的出发中，一个目的地到了，马上奔向下一个目的地。从童年，到少年，到青年，到中年，到老年，哪一段路上，不是风光无限？

那么，出发吧，别停留，一路上的风景，你且慢慢走，慢慢看。

江苏

合欢树下

【高考真题】

根据以下材料，选取角度，自拟题目，写一篇不少于 800 字的文章；除诗歌外，文体自选。

同声相应，同气相求。人们总是关注自己喜爱的人和事，久而久之，就会被同类信息所环绕、所塑造。智能互联网时代，这种环绕更加紧密，这种塑造更加可感。你未来的样子，也许就开始于当下一次从心所欲的浏览，一串惺惺相惜的点赞，一回情不自禁的分享，一场突如其来的感动。

【思路碎片】

牙疼了好几天了，疼得实在受不了时，我去看牙医。牙医检查一番，像农民惋惜一块薄地歉收般地说，你的牙床太坏了，严重地土壤不良，怎么施救也保不住你的牙了。

好吧，咱拔！我本想咬咬嘴唇说这话的，牙疼，咬不住，我就掐了掐自己的手腕。

医生好笑地望望我，你确定？

嗯，我确定。我再次掐了掐自己的手腕。于是，我的两颗牙很快被拔下来，被遗弃了，从此与我不再有半点瓜葛。我没有再看它们一眼，表现得有些绝情。我知道，我身上的东西，会一件一件离我而去，最后，连一副皮囊也不剩。这是自然规律，我坦然接受。

因拔了牙，又在嘴里动了个小手术，我的半张脸肿得快遮住眼睛了。我坐也不是，站也不是，躺也不是，十分地难受。这时，报社张总跑出来，又约我写今年的高考作文。我一口回绝，今年不写了。

是真的不想写。身体不舒服是一个原因，还有个更大的原因，我的文字天马行空惯了，是很害怕走近命题作文的。

张总却无视我的拒绝，笑嘻嘻地说，我们的版面留着等你哟。

然后，高考作文题出来了。然后，就有这个那个留信息给我，梅子啊，等着看你的高考作文下水文哦。

这个时候，我正看一则新闻，是贵州发生的公交车加速横穿对向车道，撞毁护栏，冲入水库事件，二十人当场死亡，十六人受伤。那么多条生命，在眨眼之间无缘无故消失，让人痛心。

事故的原因暂时不知，但从画面明显可以看出，司机那是有意为之，隔着屏幕都能感受到他满满的戾气。

——不说他了，说说今年的江苏高考作文题吧。我从看新闻的震惊中回过神来，我的手机，早已被高考作文题刷了屏，想不看也不成。

这道题很好解读，是讲智能互联网时代对人的心性和行为的影响。网络上海量的信息，都能在瞬间找到它们的同类和知音，你或许被感动了，或许被励志了，或许被温暖了……就是这一则或几则信息，也许就对你的人生造成巨大的影响，使你成为一个更好的人，善良、温暖、宽容、豁达。

这世界，太需要善良和温暖来守护了。

咱还是不要讲大道理，就写个温暖的小小的故事吧。人与人的，人与物的，物与物的，它可以是一个人相遇到另一个人，可以是一棵树相遇到一片森林，可以是一朵云相遇到一个天空……让寻常的情感，慢慢渗透，发出绵长的光亮。

抓住题目中的关键语："智能互联网时代"。你所写的故事，放在"互联网"这个大环境中就行了。

【梅子下水文】

合欢树下

孑然一身的老人，买下老小区一楼的一套房，只一室一厅。虽简陋，但门口长着棵高大的合欢树。六月的合欢已抽出粉红的花丝，老人看着挺喜欢的。

小区门口有家早餐店，一个中年女人在打理，品种单调，只有面条和包子。老人不挑食，在他，有面条和包子吃就很好了。他从家里出发，绕过合欢树，走上半里路，就到了早餐店门口了。客不多，他挑个靠窗的位置坐着，慢悠悠品尝一碗面条。不像闹市区那么拥挤啊，老人喃喃说。这是老人第一次来小店吃早饭。女人朝他看了看，淡淡道，这里冷清，生意不好做。

一条狗突然窜进来，被女人追着打。女人边追边骂，惹瘟，你怎么又来了？

狗仓皇逃窜出去。女人冲老人抱怨，人不来，这狗倒是天天来，烦死了。

老人搁下筷子，叹息一声，它是饿着了。站起来，问女人买了两个肉包子揣着，出门。狗正蹲在离小店十来米远的地方，朝小店望着。老人走近一步，它害怕地后退一步，两只眼睛水汪汪的，如稚童一般，盯着老人看。

老人举起手里的包子朝它轻声道，别怕，这是给你吃的。狗似乎听懂了，迟疑地不再躲让。那天，狗吃了老人的肉包子，也黏上老人了。老人回家，它一路跟着，怎么赶也不肯走。最后老人无奈地笑了，要不，你就跟着我吧。因狗有四只雪白的爪子，老人便给它取名小白。小白，老人唤一声。狗开心地冲老人蹦跳，把尾巴摇得像朵盛开的花。

狗就这么有了一个家。老人常常带它坐在门口的合欢树下，跟它说些从前的事。狗安静地听着，不时摇摇尾巴，以作回应。毛刷子一般粉粉的合欢花，掉落下来，老人捡起，迷醉地闻闻，也让狗闻闻。一人一狗，成了合欢树下生动的风景。

老人也时常领着狗到早餐店吃早饭，坐在窗口固定的那个位置上，给自己要碗面条，给狗买两个肉包子。女人打趣狗，小白，你是交了狗运了，遇到这么好的老爷子，你掉进福缸里了。狗同意地摇摇尾巴，感激地在老人的裤管上蹭蹭它的头。

后来老人突然得病，撒手走了。狗不懂死亡，它天天坐在合欢树下等着老人，不吃不喝，任谁叫也不理。女人来了，饿得奄奄一息的狗，眸子嚯地亮了起来。小白，跟我走吧，女人唤它。狗听话地跟女人走了。到了早餐店里，女人先下了一碗面，搁在往常老人坐的那个位置上。老爷子，再吃口我家的面吧，女人招呼。狗盯着那碗面看，眼睛蒙上一层水雾。女人又给狗取了两个肉包子，小白，你也吃吧，是你家老爷子让你吃的哦。

狗低头呜咽一声，掉了眼泪，吃下两只肉包子。它冲女人摇摇尾巴，又跑回合欢树下去了。

这之后，狗每天早晨都会到女人的店里来，女人像招呼人一样地招呼它，小白，你来啦。给它取两个肉包子，看着它吃下去。它吃完，冲女人摇摇尾巴后，一溜烟地跑回去，风雨无阻。女人的早餐店渐渐生意兴隆，常常客满为患。

这个故事在网上传播开来，引起无数网友为之泪奔，我也是其中的一个。我想，我们都是趋光的生灵，会循着光亮而去，最终，也成为光亮中的一个。

2019

浙江 · 杭州

每一颗星星都自有光芒

【中考真题】

阅读下面的文字，按要求作文。

“你总是渴望得到同学的肯定，我觉得，你首先得肯定自己。”

“每个人都希望被肯定，被人肯定能增强信心；换位思考，我们也要学会肯定别人。”

“关键是这种肯定必须是真诚的，因此应留心发现他人的闪光点。”

这几个同学的谈话，引发你怎样的联想和思考？请自选一个角度，写一篇600至800字的文章。可以叙写自己的经历和见闻；可以发挥想象，创作故事；也可以对这个话题发表见解。

要求：（1）题目自拟，文体自选（除诗歌外）；（2）不得抄袭、套作；（3）不得出现真实的校名和师生姓名。

【思路碎片】

杭州的这道中考作文题，弄得颇像绕口令，多读几遍，头晕。

对这类作文题，我有点望而生畏。

但有杭州孩子强烈要求我写。我只好拿起它，再读。

题目中三个同学说的三句话里表达了三层意思：一、肯定自己；二、被人肯定且肯定他人。三、真诚地肯定他人。

从这三句话里引发联想和思考，大多数同学都能想到肯定自己的重要性。有自信，方能战胜一切困难和挫败。如果落笔写这一方面的，也不算走题，只是肤浅了些。生活中，我们每个人都很在意他人的肯定，似乎那是衡量生命的价值所在。因此，被人肯定，会激发自我的信心、勇气和力量，从而完成自我肯定。但仅是别人对你肯定，你却对别人身上的光亮视而不见，那你们的关系，也将难以维持下去。每个人都期望得到别人的肯定，所以，你也得真心实意地肯定别人。

得了，又成绕口令了。还是化繁为简吧，题目讲的其实是人与人如何融洽相处的问题，互相欣赏，彼此肯定，才能赢得共同进步。写成记叙文是首选，通过一个或两个小故事，把这些观点收进去就是了。

【梅子下水文】

每一颗星星都自有光芒

念中学的时候，我很不喜欢我的历史老师。

那个时候，我从乡下考去城里，举手投足皆带着浓浓的乡土味，与一个城格格不入着。历史老师是城里人，爱穿件白绸衫，衣扣扣得紧紧的，文质彬彬着。第一天给我们上课，他强调了半节课的卫生常识，不要随地吐痰、吃饭前要净手、头发要三天洗一次之类的。说时，眼光不时落在我们十几个乡下孩子身上。惹得城里同学的眼光，跟着齐刷刷扫过来。我明知他不是针对我一个人，但脸，还是腾地红了，自卑的心里瞬时埋下一颗怨恨的种子，从此把他恨上了。

说实在的，他课上得还是不错的，讲起历史典故来，滔滔不绝，如数家珍。也幽默，也风趣。我们班大多数同学都很喜欢他，常围着他说笑，除了我。我在他跟前，绝对像只刺猬，内心有多怯弱，外表就有多强硬。他自然也不喜欢我，课堂上从来不曾叫我回答过问题，也从未单独跟我说过一句话。有一次，我的同桌去了老师办公室后回来，突然对我笑了，没头没脑说了句，历史老师说你脾气古怪。我说，是吗？表面淡定自若着，心里的自卑，又添加了一层。

我封闭着自我，就这样孤单地过着我的高中时光。眼看就要高考了，那天，我起了个大早，从我租住的房子出来，沿着一条老街，往学校走。当时路上行人稀少，我远远看见历史老师走在前头，走一会儿，就弯下腰来，捡起什么。再走一会儿，又弯下腰来，捡起什么。他就那么捡了一路，一直捡到校园里。

也不知出于什么心理，我把这事跟同桌说了。同桌哦了一声，说，我们历史老师向来如此呀，他天天都早早起来捡一路的垃圾呀。我的内心大受震动，怔怔半天。

历史老师再来上课，我换了一种眼光看他，看出他的好来，他干净，善良，有才华。我第一次在课堂上抢先回答了他的问题，他显然一愣，随即看着我笑了，说，某某同学回答得完全正确。课后，他主动跑到我的座位旁，说，我还以为你讨厌我这个老师呢。又说，你写的作文我篇篇都看的，写得真好。

我大大吃惊起来，我的自卑原来好没道理啊，我的作文连历史老师都爱看的。我释然了，很真诚地对历史老师道了谢。

我上大学后，和历史老师有过书信往来，我们交换着彼此读过的书、看过的电影，真心实意赞美着对方，很愉快。我们每个人，都仿若一颗星星，各自闪亮，又互相辉映，这才构成璀璨的星河。

福建

最好的作品

【中考真题】

阅读下面的文字，按要求作文。

成长路上，我们不断迎接挑战，努力完成各式各样的作品。这些作品或有形或无形，都是我们成长的印迹，也许其中就有自己心中最好的作品，也许最好的作品还在追寻的路上。

以上文字给你什么联想和感悟，请以“最好的作品”为标题，写一记叙文或议论文。

要求：自定立意；符合文体；不要套作，不得抄袭。不少于 600 字，文中不能出现真实的人名、地名、校名等。

【思路碎片】

一般而言，“作品”前缀上“最”字，是不现实的。因为随着时间的推移和发展，总会有后来者超过。人生无涯，作品也无涯，它是属于无限极的。

然在一段时期内，它又是有限极的，的确可以用“最”来衡量。如题所说，“自己心中最好的作品”，也许它已经完成了，也许它还在完成中。一个人的能力范围内，总有自己的山峰可攀，攀到顶点了，那就是“最”。

有形和无形的作品有着千千万，绘画算，写作算，书法算，唱歌算，设计算，烹饪算，泥塑算，剪纸算……哪怕是小时候完成的积木的搭建，从此再也没有超过那一个，那它就是你最好的作品。

每一个孩子，都是父母最好的作品，——这个主题，可能会被我们忽略。我选择写了这个主题，避免了与他人的重复。这是不是带给你一点启发？在破题时，不妨脑洞再大开一些，尽量另辟蹊径，才能呈现出文字更美的风景。

注意，写这类文章，要避免过分的文艺腔。如果你的文字里有一股子的文艺腔，是很不鲜活的，缺乏灵气和应有的神韵的。还是让文字说点真话吧，小孩子有小孩子的语言，成人有成人的语言。小孩子说成人话，显得老气横秋，一点儿也不可爱。同样的，一个成人，动不动就“哇哦”，形容春天，下笔必写成“春姑娘来了”之类的，很显然，那亦是相当幼稚且可笑的。

【梅子下水文】

最好的作品

我奶奶一百岁冥寿的时候，我回老家，一屋子的亲朋好友正聚在一起，神情专注地听我爸神侃。见到我，众人乐了，说，你爸正说你呢。

我自然知道我爸会说我什么。只要有熟人的地方，他总免不了要把我拿出来炫一炫。他会从我小时候说起，诸如三岁就能自己乘渡船，从河的北岸，荡到河的南岸去。四岁就能爬独木桥，独自走亲戚。五岁就能自己做针线锁扣子。六岁能对着墙上的年画画画，画得像模像样的。七岁上学，年年得奖……在我爸的眼里，我从小天资过人，样样出众。

事实上呢，我自己知道，我是多么平凡的一个人。四岁独自走亲戚那回，迷了路，站在路边哇哇大哭，最后是好心人送我回家；五岁时锁的那扣子歪七扭八，最后是我奶奶把它拆了，重新锁上；六岁时画的画，当时被我表哥嫌弃，说画得一点儿也不像；上学后，得奖是有的，但也不算最突出的一个。特别是进入中学后，我的理科成绩平平，高考考上的学校很一般。但我爸不管这个，他大摆宴席，还请了电影回家放，家门前水稻地里的水稻被踩烂掉不少，他也毫不可惜，好像我高中头名状元一般。

想到这些，我就羞愧。我曾私下里跟他说过，爸，不要炫我，我就一普通人，没什么好炫的，别让人家听了笑话。我爸爽快地答应，好的。但转过身去，他立马忘了对我的承诺，说着说着，就又把话题扯到我身上了。“我这丫头可不简单呢，喝了一肚子的墨水，文采好得不得了，出了好多书，全国各地她都走遍了。”说这些时，他神情飞扬，因生病而略显浮肿的脸上，浮起茅花般的笑。

“是吗是吗，她真是太了不起了。”众人一齐附和道。我爸便越发得意起来，仿佛他家诞生了个举世无双的珍宝。

我很有些无地自容，赶紧找个借口走开去，心里面很是埋怨他，爸啊，你干吗这么好面子啊，显摆了做什么呢！

我爸大约是感觉到我的不快了，没多久，他找过来，宠溺地喊了一声我的小名。我回头，看到他一手捧着尿袋（他因前列腺病太过严重，只能实施体外导尿），一手轻轻揉着大腿。近两年，他的大腿从未消过肿，走路已很艰难。他有些羞赧地问我：“你是不是不高兴了？”我无可奈何地摇摇头，走过去扶住他，责备道：“你身体不好，就不要太过走动。”我爸有些不安，看着我，嗫嚅着说：“不碍事的，看到你回来，我就高兴，我就有精神。原谅爸爸，又拿你炫耀了，你是爸爸最好的作品啊。”

我猛地愣住，心里忽地涌上一股说不清的情绪，天下哪个子女，不是父母眼中最好的作品？我紧了紧搂住我爸的手，轻轻说：“好的，爸，我会变得越来越好，以后你想炫我，你就炫吧。”

江苏 · 南京

你的和我的

【中考真题】

端午节，奶奶像往年一样送来端午食品——绿豆糕，你却不领情，对奶奶说：“这是你喜欢的，不是我喜欢的。”事后，这引起了你的联想和深思……你以“你的和我的”为题写一篇文章，向校刊投稿。

要求：①不少于 600 字。

②不得出现真实的校名、人名。

【思路碎片】

这道作文题乍一看，好简单啊，“你的和我的”，鱼是鱼，水是水，树是树，花是花，天空是天空，大地是大地，你是你，我是我，要发挥，似乎并不难。

然而，里面却隐含着诸多的限制。

首先，有材料的限制。端午食品是个起因，由它而引发的事件。它既有传统与现代的冲突，又有祖辈和孙辈的冲突。抛开这个起因，很容易写偏了。

其次，你的和我的，是一个辩证话题。古人云：己所不欲，勿施于人。现代人除了继承了这一点外，还讲究，己所欲，也勿轻易施于人。因为你喜欢的，未必就是别人喜欢的。大千世界，各有所爱。在“爱”跟前，这样的界限，往往会被突破，我未必喜欢你喜欢的，但因为我爱你，所以我很高兴地接受。你也未必喜欢我所喜欢的，但因为你爱我，总是替我方方面面考虑到了，让我的日子呈现出隆重感和仪式感。

我们每个人来到这个世上，都是一个独立的个体，山有山的路，水有水的路，各自有各自的路要走。坚持自我，方能活出属于自己的精彩。然，我们每个人又不是孤立的存在，我们与自然、与社会、与民族命运联系紧密，休戚与共。故而，我们在好多方面，又要学会接纳、融入和传承，这样，才能使我们在人生路上，不至于迷失方向，也才能使我们的心灵，找到存在感、幸福感和归属感。

理清给出材料的脉络，再下笔就容易多了。你可以从风俗传承方面入手，也可以从维护一段和睦亲近的关系入手，你的和我的，既不是泾渭分明，也不是没有边界，而是相互理解，求同存异。

【梅子下水文】

你的和我的

奶奶，此刻夜深人静，你睡了吗？

乡下的夜晚，总是特别地宁静。其实，也不独独是夜晚，白天也是宁静的，偌大的村庄，难得见到几个成年人了。你孤独地守在那里，守着和爷爷一起创立的家里，不肯离开，你说："鸟还恋旧窝呢，这儿是你们的根。"

我心里是不认同的，那是你的根，才不是我的根呢，我的根在城里。

端午节，你大老远从乡下来，带来你亲手包的粽子和绿豆糕。每年端午，你都非要这么隆重不可。也不止端午，像立夏要吃煮鸡蛋啦，中秋要吃月饼啦，冬至日要吃汤圆啦，你也都是一步不落一丝不苟地遵从着，且让我也要跟着你后面吃鸡蛋、吃月饼、吃汤圆。你说，过节要有个过节的样子。我并不喜欢吃这些，所以当你再次让我吃绿豆糕时，我拒绝了，回你道："这是你喜欢的，不是我喜欢的。"

你举着绿豆糕的手，在半空中略略顿了顿，然后缓缓收回去，脸上的表情有些尴尬，有些受伤，但你还是竭力温和地笑着，说："啊，原来囡囡不爱吃绿豆糕啊。"

我当时未曾介意，还为自己终于说出心里话而庆幸而欢喜，是啊，我终于不用再吃你做的绿豆糕了。

在你回乡后，爸爸责怪了我。爸爸说，为了那些绿豆糕，你奶奶老早就做准备了，在地里种下绿豆，细心管理，收上来后，再一颗一颗挑拣，然后磨成粉，做成糕。爸爸问我：“你知不知道，每一块绿豆糕里，包含着你奶奶多少的辛苦？你奶奶也是七八十岁的人了。”

我的思绪飘去乡下，想你顶着灰白的发，弯着佝偻的腰，独自在地里种绿豆；想你在屋檐下，眯着眼，一颗一颗挑拣着绿豆；想你在厨房的雾气里，揭开蒸笼看绿豆糕。那时候，你的脸上，荡漾着怎样幸福的笑啊。因为，你是在为你的孙儿做绿豆糕。你把你的爱，揉进了那些绿豆糕里。

一些以往被我忽略的细节，这时被我想起，你不爱吃红烧猪蹄膀，你不爱吃红糖糍粑，你不爱吃五香茶叶蛋，你不爱吃榴莲酥，我却爱得不行。可每次只要我回老家，桌上必有这一些，是你提早准备的。我大快朵颐，你则坐在一旁笑眯眯看着，看得心满意足的。我问过你，奶奶，你怎么不吃这些呢？你回我，看着我家囡囡吃，奶奶比自己吃了还高兴。

我终于明白，你已把你能给予我的，悉数给了我，我一直在你宽广无私的爱里面成长着，却不自知。

奶奶，现在，我真的后悔和难过了，不该忽略你的感受。我想好了，一放暑假我就回去陪你。这次回去，我还有个伟大的计划，我要教会你用手机发视频和发微信，到时，你的日常和我的日常，便会常常在网上相见。

亲爱的奶奶，祝你做个好梦。

江苏 · 苏州

我在碗里看太阳

【中考真题】

古今、春夏、朝夕间……太阳无时不有；山巅、海边、家院里……太阳无处不在；青春的心灵看太阳，看到光明、温暖，看到亮丽、生机，看到奉献看到爱……

请以“我在__________看太阳”为题，写一篇文章。

要求：①将题目补充完整；

②除诗歌、剧本以外文体不限；

③不少于 600 字；

④文中不要出现（或暗示）本人的姓名、校名。

【思路碎片】

我真想认识一下出这道题的老师，他实在，太可爱太善良了。不为难孩子，让每个孩子都能做到有话可写，呼唤出孩子们心中的美感来，这样的老师相当仁慈。孩子们能遇见，是孩子们的幸运。

小有小的太阳，大有大的太阳，这世上，谁没见过太阳呢！太阳照得到的地方，光芒万丈。太阳照不到的地方，依然可以散发出温暖和光亮，——只要心怀美好，即使身处黑暗，也能看到太阳。我们都是趋光的生灵，永远朝着光亮的方向前进。

如此，能引伸出无数个“太阳”来：顺境中的太阳，逆境中的太阳，平原的太阳，山顶的太阳，河边的太阳，海边的太阳，江上的太阳，湖里的太阳，高原上的太阳，森林里的太阳，洼地里的太阳，故乡的太阳，老街的太阳，窗口的太阳，一个人身上的太阳，屋顶的太阳，老屋门前的太阳，屋后的太阳，一滴水中的太阳，一朵花里的太阳，心中的太阳……

“太阳”这个要素的出现，给文章定下一个非常温暖的底调。文学上强调，作品必须具备三个要素：一真，二善，三美。三者缺一不可。这里所说的“真”，是指作品的真实性。包括能否真实地反映生活的本质，以及作者是否怀有真实的情感；“善”，是指作品的倾向性，即作品对社会有什么意义和影响，以及作者是否怀有善良和怜悯；“美”，是指作品的完美性，既指作品的形式与内容是否和谐统一，是否有艺术个性，是否有创新和发展，也指作品内容是否符合人类的价值要求，是否能够使人愉悦。考生在创作这类文章时，向着真善美而去，基本上就不会跑题了。

我想讲个故事，一个温暖的女人的故事。她的心里，住着一枚太阳。

什么太阳也抵不过人心头的那一枚，它能化解仇恨、以德报怨，它能让善良之花，绚烂绽放，感染着接近它的每一个人。

【梅子下水文】

我在碗里看太阳

女人有一双修长的美腿，这曾是女人引以为豪的。

女人用这双美腿跳过芭蕾，跳过探戈，上过电视，得过大奖。后来，女人也因这双美腿，进了一所艺术学校做舞蹈老师，一做二十多年，直到她出事。

女人记得很清楚，那是个亮闪闪的黄昏。她下班回家，天边燃着一堆火烧云，如燃着的一堆篝火，长长的“火舌”跳着舞，舞姿优美——许是职业的缘故，女人总能从寻常的事物中，联想到跳舞。她当时正编排一支新的舞蹈，绚丽的黄昏，给了她不少灵感。

女人目不转睛盯着天边，一边在脑中构想。突然，横空飞来一辆大货车，把在路边好好站着的她，撞倒了。她整个人，一下子掉进无尽的黑洞里，没有了意识。

女人的命保住了，一双修长的美腿却没了。

这起事故，大货车司机负全责。那是个从乡下来的年轻人，应聘到一家公司上班才三天。那天，是他第一次开这辆大货车送货，谁承想货车的刹车突然间失灵了呢！

面对这起重大事故，年轻人惊惶失措，只剩下痛哭。摆在他面前有两条路：一是赔钱，一是去坐牢。他家穷，连老婆都娶不起，拿什么赔偿？

女人起初，是痛不欲生的，是恨不得把年轻人打进十八层地狱的。但渐渐冷静下来后，她想的是，大错已铸成，恨有用吗？哪怕让年轻人把牢底坐穿，她的双腿也回不来了，何必再拖苦一个人？她最终，选择了原谅。

没了双腿的女人，再跳舞是不能够的了，她离开了学校。一切从头来过，女人慢慢学会了在轮椅上做事。因她一直比较喜欢花草，就在亲朋好友的张罗下，开了一家小花店。女人也不长名贵花草，只选择些草花来长，草花皮实，好打理。所选择的花器也简单，全是碗状，质地有瓷的，有陶土的，有木头的，有贝壳的，有石头的，有泥瓦的，大大小小，各式各样。

女人在这些碗状的花器里养小碗莲，长太阳花、凤仙花、海棠花、风信子，这些寻常的草花，一到了女人的碗里，就好像被施了魔法似的，全都变得不俗起来，眉眼盈盈，别具一格。女人的花店，因此而小有名气。

那个惊惶失措的年轻人，在女人的建议下，去学了厨艺。女人说，只要这世上还有人吃饭，这门手艺就永远不会过时。年轻人学成后，先是在一些酒店里做帮厨，渐渐做出点名堂来，就自己盘下了一家小饭店。现在，年轻人已成中年人，早已娶妻生子，日子兴旺发达。他隔三差五的，就会推出一款新美食，用漂亮的碗盛着，送给女人先品尝。女人把美食吃了，碗留下来，种花。

我是在一个古城邂逅到女人的。一碗一碗的多肉，在女人的花架上，眉清目秀着，像极了一碗一碗的小太阳，它们照亮的不只是人的眼睛，还有心灵。我想，捧着这一碗一碗的花儿回家的人，纵有再多的不幸、疼痛和怨恨，也会慢慢消弭的吧？并报之以善，以歌，以温柔。

江苏 · 常州

走在鱼儿的思想里

【中考真题】

设身处地，站在“他人”的角度思考问题，是一种良好的思维品质。今天，就请你转换身份，站在鱼儿的立场，甚至可以直接化身为一尾会思想的鱼，发挥合理的联想和想象，或议或叙，展开特殊视角的自由思绪。

请以“走在鱼儿的思想里”为题，写一篇文章。

说明：①要联系自己的阅读积累、生活体验和思考感悟，不得抄袭；②除诗歌、戏剧外，文体自选；③不少于 600 字；④请勿透露考生个人信息。

【思路碎片】

今年常州市中考语文一结束，就有不少老师和家长把作文题给我发来了，他们愤愤地说，梅子老师你瞅瞅，这样的题叫孩子们怎么写啊！

这题，的确出得有点刁钻了，对于平时写惯平铺直叙文章的中学生来说，是有些难度。但它的初衷却是好的，它要唤起的，是中学生想象力的复苏。不可否认的是，随着童年的渐行渐远，许多孩子已关闭了他的五觉，对现实事物缺少敏感度，丢失掉一颗珍贵的好奇心，对他事他物漠不关心，更是很少能做到换位思考。

假如想象消失了，人便不复再是人——这话是俄罗斯的作家康·巴乌斯托夫斯基说的。话虽说得绝对了点，但道理却是真的。人是最具想象力的，特别是孩子。一个孩子的最动人之处，就在于他有着天马行空的想象力。在他的想象里，人可以变成鱼，鱼也可以变成人。人可以上天，鱼当然也可以上天，没有什么不可能的事。

我一下子想到许多的鱼，河里的，小溪里的，海里的，养在人家鱼缸里的，游在放生池子里的，被逮到鱼篓里的，菜场上被贩卖的，在海洋馆里被展览的……大大小小，色彩缤纷。我还想到神话里的鱼精，它们有情有爱，甘愿为了所爱之人，忍受拔鳞之痛。

一次在湘西，我翻山越岭，到养在山里头的苗寨去。路过一座山，隔河见一苗人端坐于一山洞口，仰头向上，作守株待兔状。我好奇，大声询问他在做什么。那人回答我，等鱼来。原来，他在等山上的鱼顺着溪水掉到洞口。我真希望山上的鱼儿不要掉下来，因为它们一定做过变成小鸟的梦，想有双翅膀能飞到天上去。

各鱼各命——如果你的思维能打开到这里，再写起来就容易多了。比如，水源的污染，对鱼的家园是种破坏。如果你是鱼，面临无家可归，你会怎么想？比如，养在人家鱼缸里的一条鱼，每天在那几寸见方的鱼缸里，过着貌似优哉游哉的休闲生活，是它乐意的吗？比如，你化身成一条追寻梦想的鱼，从小溪里，游到河里，又一路向着大海奔去……这样的想象，是不是很有意思？再回头看题目，一点儿也不难了。

【梅子下水文】

走在鱼儿的思想里

小池塘像一口大缸，安放在大山里。塘边树木葱茏，芳草茵茵。塘中清水幽幽，碧波粼粼。

鱼儿住在里面。

人偶然路过，看见塘里的鱼儿在游。人一面生出欢喜，一面又生出同情，人感叹，这里环境好美。可这里又是多么地空荡、寂寞和孤独。

鱼儿悄悄笑了。鱼儿觉得人好笑。在很久很久的从前，就有两个人因它们的事而发生争执。一个叫庄子的人说，鲦鱼出游从容，是鱼之乐也。一个叫惠子的人反对，子非鱼，安知鱼之乐？两个人"之乎者也"争吵了老半天，也没争出个结果来。鱼儿想，人总是喜欢替别人下结论，用自己的经验和感受。岂不知，我们的快乐我们做主呢。

鱼儿还是比较喜欢诗经里的那个人。它不知道那是个男人，还是个女人。不知道他（她）是生于贫贱，还是出生富贵。这个人在水藻间，在青青的蒲草旁，看见了活泼的鱼儿，暗自心生欢喜，忍不住低声吟唱起来：鱼在在藻，依于其蒲。哦，鱼儿在哪里呀？鱼儿在水藻里呢，旁边还有蒲草青青呀——瞧，他的心地多么简单！在这个越来越纷繁的尘世里，简单的心，很是叫鱼儿怀念呢。

鱼儿也顶喜欢乐府里的那群人。鱼儿确信他们是一群人。他们去湖里采莲，齐声快乐地唱和：江南可采莲，莲叶何田田，鱼戏莲叶间。鱼戏莲叶东，鱼戏莲叶西。鱼戏莲叶南，鱼戏莲叶北。隔着遥遥的时空，鱼儿似乎还听到那清朗婉转之声，真是叫鱼儿向往啊。鱼儿每念起这首曲子，都要感动，它看见了这世间最纯净的东西，那东西叫作赤子之心。

池塘上方的一角天空中，总是云来云往，川流不息。鱼儿太喜欢那些云朵了，它们有的像芙蓉花。有的似白鸽。有的像海浪。有的似瀑布。有一次，鱼儿还看到一朵长得和它一模一样的云，鱼儿摘下这朵云，把它藏起来。鱼儿还藏过一粒朝霞。藏过夕阳的卵。藏过钻石一样的小星星。藏过一颗月亮。还藏过春天的桃花瓣，夏天的蝉声，秋天的银杏果，冬天的雪花。鱼儿的收藏真是丰富得不得了，日子里哪会有空荡和孤独呢?

人说，四季冷暖草木先知。鱼儿嗤鼻，四季冷暖该鱼儿先知才是。四季的风，把四面八方的消息捎来，在水波上书写。什么时候杨柳绿，什么时候荷花开，什么时候枫叶红，什么时候雪花落，鱼儿读读水就知道了。

人说，鱼儿的记忆只有七秒。鱼儿不屑。鱼儿不是活在记忆里，而是活在当下。当下，它仰望着天空，正好看到一只飞鸟，也在俯望着池塘。鱼儿笑了，人若见到，定又要为它俩纠结一番了，到底是做鱼儿快乐，还是做鸟儿快乐?

鱼儿有鱼儿的路，鸟儿有鸟儿的道，谁也不用羡慕谁。鱼儿吐出一长串小水泡，愉快地想，我还是做一只快乐的鱼儿好了。

一朵云掉到池塘里，鱼儿赶紧游了过去。池塘边的柳树上，有虫子在轻轻鸣唱。

江苏

人间有味

【高考真题】

根据以下材料，选取角度，自拟题目，写一篇不少于 800 字的文章；除诗歌外，文体自选。

物各有性，水至淡，盐得味。水加水还是水，盐加盐还是盐。酸甜苦辣咸，五味调和，共存相生，百味纷呈。物如此，事犹是，人亦然。

【思路碎片】

每年的江苏高考作文题一出笼，总能立即引起舆论哗然，褒贬不一。支持的一派：江苏作文题真有人文情怀，接地气；反对的一派：江苏作文题老玩花腔唱法，太文艺，不理性。

各有各的理。我付之一笑。

江苏作文题走的是寻常路，骨子里却是浪漫的，或许江南地域自古以来多文人墨客的缘故。这也没有什么好或不好，题摆在那儿，解读的人可以有千万种解读方式，创作的人自然也能有千万种创作方式。你偏向感性的，你就写感性的好了。你偏向理性的，你就写理性的好了。说到底，文章的走向，完全掌握在创作者的手里。

基于我平时的阅读习惯，我对纯粹讲理的文章是看不进去的。我读它们，如同嚼蜡。貌似一堆儿光华闪烁的哲学哲思，一个个单独拎出来，都能吓死人。它们摆在一起算什么呢？是华丽的冠冕，堂皇着，却怎么也看不清戴着这套冠冕的人的脸。

不，不，我们还是老老实实说话吧，老老实实描摹出一张现实的脸，哪怕它是沧桑的丑陋的，它也是可亲的可爱的，因为它真实。对，真实的东西才最动人。真实的就是朴素的，就是华丽的，就是生动的，就是新鲜的……

回到江苏今年的高考作文题上来，粗读之下，觉得好简单啊，水有味，盐有味，什么什么都有味。世上哪有真正没有味道的东西？哲学上讲，这世上没有完全相同的两片树叶。树叶尚且如此，何况别的事物？每个事物，都有自己的特殊性，这特殊性里，就包含着其特殊的气息。

可是，别忙，人家后面还有话哩，“五味调和，共存相生，百味纷呈”。啥意思？那是讲的普遍联系的道理，万事万物，无不处在普遍联系中，相互依存，相互促进，又彰显各自的个性，这才有了千姿百态五彩纷纭。考生下笔时，只要不脱离“生活”这个大前提，在共性中，写出个性，写出个性特有的味道来，就不会走题了。

有时一篇文章，未必要一气下来，连成一个整体。看情形需要，也可以分成两个或更多个章节，殊途同归。这样做，文章会变得更丰富更有感染力。

【梅子下水文】

人间有味

一

卖水果的男人，歪戴着一顶藏青色帽子，吹着口哨，拖着一拖车的水果，摆到超市门口卖。拖车上只有一种水果，柑橘。价格不菲。

问他，你卖的柑橘怎么比人家的贵？

他看一眼他的柑橘，答，我的柑橘好啊，当然得贵一点，超市里卖的就没我的好。不信，你买来比较。

问他，降点价好不？

他斩钉截铁回，不。

因为色彩单一，那一拖车的柑橘看起来，很惹看，纯粹、饱满，活泼泼的，似乎真的跟别处的不一样。

路过的人也都停在他的拖车前看一看，摸一摸柑橘，问一问价格。可他坚持不肯降一点点价，问津的人也就少了。

男人也不着急。

他歪戴着他的帽子，吹着他的口哨。也抓一只柑橘，自个儿剥开吃。皮薄，肉多，瓣瓣似鼓鼓的蓓蕾。他丢一瓣到嘴里，慢慢嚼，眼睛看着东来西往的人，好像要把他嘴里的那瓣甘甜，都与那些过路人分享了。过一会儿，他再丢一瓣到嘴里，慢慢嚼，眼睛仍看着东来西往的人，兴趣盎然的。一拨人过去了，又一拨人来了。

终有人停在他的柑橘前，问，甜吗？

他的声音雀跃，当然，甜得要命。

然后，他放下手里吃到一半的柑橘，吹起口哨，忙着给人称秤。

我站在不远处，看了他那么久，只觉得有趣得很。人间有味，这算是一种。

二

我妈种的小麦收了，晒了满满一场。

五六千斤呢，能卖五六千块钱的。我妈说这话时，脸上的笑纹，越聚越多，越聚越深，似些小水波在荡。

我的眼前，亮灿灿的太阳，照着满场黄灿灿的小麦。场边，还有一蓬红红的大丽花在开。这样的景象，有着我无比熟悉的家的味道，看得我眼眶发热。

我很难想象，一个快八十岁的老太太，居然还能种出这么多的粮食。

我妈不满地冲我"呔"了一声，说，我还小呢，二队的鳞子妈妈，都八十九了，一个人还养着十几头大肥猪呢。

我立即打消了要我妈放弃种田的念头。

她一辈子厮守在这里。这里是她的根，她的乳，她的血，她的奔头。她一步不落地走着，有着她固有的步骤，小麦收了，该种水稻。水稻熟了，该种油菜。油菜熟了，蚕桑正当时。她熟悉吹过这里的每一缕风，熟悉这里每一寸土地的脾气，她闭起眼睛也能分辨出不同庄稼的气息。她早已活成了村庄的样子。

她说，做惯了呢，一天不干活，浑身就疼。

她说，我要去地里拾小麦呢，机器割的，掉下来不少。

我点头，微笑地看着她瘦小的身影，一心一意地走向她的田野。那身影上，罩着一圈的阳光。风淡淡地吹着，鸟雀成群地飞过她的头顶去。

我不打算改变她的生活方式了，就让她陪着田野一起老去吧。

这世上，本就是百味纷呈，能以适合自己的方式努力活着，该是人间万千滋味中最好的一种。

2018

陕西 · 西安

阳光

【中考真题】

题目：阳光

要求：①文体自选；

②不要套作，不得抄袭；

③不得透露真实地名、校名、人名等相关信息；

④不少于 600 字。

【思路碎片】

我想，大概百分之百的考生，拿到这个题时，都会庆幸地暗呼一声，好简单啊。

简单吗？是的，太简单了。阳光么，一年四季最不缺的，就是阳光了。春有春的，夏有夏的，秋有秋的，冬有冬的。如果还要细细划分，又可划分成早晨的阳光、正午的阳光、下午的阳光等等，还可划分成平原的阳光、山里的阳光、城里的阳光、乡下的阳光、海边的阳光、河里的阳光……哎，简直不能想，满世界都是阳光的。这都是我们实实在在可以触摸到的。

还有一种触摸不到，但可以感受到的阳光，那是住在人的精神世界里的，从内心散发出来的光芒。比如善良，比如温暖，比如爱护，比如坚强，比如信念，比如不倒的意志。孩子们只要找准一个角度去写，都能写出不错的文章来。如果能把实写和虚写融合起来，既有外在的阳光，又有内在的阳光，互相交辉，那就更棒了。

我写过很多阳光，像《跟着一朵阳光走》《阳光，阳光》等等的。我选择的是实写和虚写交汇在一起，现实的阳光，把人的心照得透亮，每个人都沐在阳光下，成了阳光中的一朵。这是一段静好的时光，因为这样的静好，我们更眷恋这个尘世。

【梅子下水文】

阳光

阳光的天，总叫人无端欢喜，心是敞亮着的，想跟着一朵阳光走。

比如现在，我在书房里看书，从敞开的窗子里，突然溜进一朵阳光来。

只一朵，花朵般的一朵。它蹑手蹑脚地走近我，趴到我的膝盖上，像只乖巧的小白鸽，仰着头，想听我给它朗诵点什么。我就给它朗诵了一首白居易的《负冬日》：

杲杲冬日出，照我屋南隅。

负暄闭目坐，和气生肌肤。

初似饮醇醪，又如蛰者苏。

外融百骸畅，中适一念无。

旷然忘所在，心与虚空俱。

它一定听得津津有味。千百年来，熟悉的场景一再上演，它安慰过多少沉沦的灵魂，照拂过多少不羁的心哪。

我站起来，它便跳到一旁我的吊兰上，跳到我的玫瑰莲上，跳到我的仙人球上。仙人球举着那么多的刺，它也不怕被刺着了。

这世上谁最强大？答案是，阳光！

小时候爱跟阳光玩。拿了收藏的玻璃瓶底，或偷出祖母的小圆镜子，对着太阳晃，就会逗引得一朵阳光来。几个孩子比赛着，让你的阳光和我的阳光赛跑。我的跳到房顶上去了，他的跳到窗台上、粮囤子上了，而她的则钻到桌底下去了。最爱的，还是对着彼此的脸上晃，看一朵阳光在对方的小脸蛋上，像只亮晶晶的大虫子，跳着、蹦着、逃窜着。啊，它跳进眼睛里了，眼睛立马睁不开来了。那光亮太强烈了！

这么回忆着，真叫人柔软。我搁下在做的事，找到一面圆镜子，对着太阳晃起来。一朵阳光很快跑过来，随着我的手的晃动，灵巧地扑腾着、跳动着，像只调皮的小白蝶。我的童年，跟着跑过来了。那会儿，我心境澄澈、空灵、快活，无俗事牵绕。

楼下有小孩子的笑声飘上来，如鸟雀之音。每一粒笑声里，也都噙着一朵阳光。

那人下班归来。他的脸上，亦有一朵阳光在荡漾，他说，楼下的蜡梅开了，香死了。

我笑，挽袖开始做饭。

世道和睦，阳光公允，人心安定……这便是我们所要的理想世界吧。

吉林 · 长春

最美的风景

【中考真题】

作文题目：有你的地方就有风景

作文要求：

（1）表达真情实感；（2）文体不限，诗歌除外；（3）认真书写，力求工整，美观；（4）文章不得出现真实的校名、姓名；（5）不少于 600 字。

【思路碎片】

看到这个题时，有一首小诗，立即从我脑中跳了出来。是卞之琳先生的《断章》：

你站在桥上看风景，

看风景的人在楼上看你。

明月装饰了你的窗子，

你装饰了别人的梦。

这世上，风景无处不在，你看别人是风景，别人也看你是风景。这类题，写起来挺容易。

然题目中有个限制：有你的地方。这个“你”是谁？这是考生们要抓住的。把“你”安到风景里，就不会偏题了。

那么，“你”是谁呢？它可能是某个人。这个人是熟悉之人，也可以是个陌生人，但一定与作者之间，存在某些交集。它也可能是某个事物，比方我下面写的老吴和他的实体书店。它还可能是一种风俗传统的秉承，一种抚慰人心的微笑。荡在人脸上的微笑，是这个世上一道美丽的风景线。

因为有“你”才有“风景”，这样的文章，在情感处理上，要饱满些，注重细节描写，时时可见风景。

我在写这篇下水文时，没有完全按照文章的题目来，是因为考虑到它阅读的顺畅和更有借鉴性。原题直白了些，我作了修改，改成《最美的风景》。如果要切题的话，你只要把里面的“老吴”改成第二人称“你”，语句上再稍作调整就可以了。主旨不变，有像老吴一样的人，和他的书店在，风景就在。

【梅子下水文】

最美的风景

认识老吴，缘于一场读书会。

老吴辗转找到我，期期艾艾地说，我那个地方小，老师，不知你愿不愿意去参加。他一边说着，一边局促不安地左顾右盼，一张四方脸上，挂着憨憨的笑。

我以为老吴有点木讷，可熟悉他之后，却全然不是。尤其是跟他聊到书店，他两眼放光，神情活泼，话语滔滔如江河奔流。

老吴是开书店的，开了整整三十年了。从当初一愣头青的小伙子，变成而今一中年大叔。

当初，他从山里的家里走出来，带着一根扁担和一捆绳子，到码头上去帮人家装货卸货。难得的空闲时间，他在城里乱逛，眼睛突然被路边一丛三角梅下的一个书摊吸引住了。照老吴的话说，那个瞬间，石破天惊。一蓬红彤彤的三角梅，垂挂在那儿，摆摊人手捧一本书，坐在花下静静看着。花影荡在那人脸上，像有无数的蜂在飞蝶在舞，那人浑然不觉。哎呀，那风景太迷人了，老吴说。他立即在心里作出决定，他不要去作挑工了，他也要摆书摊。

他掏出身上所有的积蓄，进了一些报纸杂志回来，他的书摊就摆开了。最艰难的时期，他没钱租房，就弄个睡袋，睡在书摊旁。他留心不同层次读者喜好，针对他们，挑选读本。渐渐地，他的名声做出来了。有个常来他书摊买书的姑娘加入进来，后来成了他的老婆。他们盘下一家小门面，开起书店来。小书店后来变成大书店，大书店再后来有了几家分店。他的事业蒸蒸日上，提到他的书店，一个城十有八九的人都知道。

近些年，随着网络的普及和网上书店的冲击，实体书店举步维艰，纷纷倒下，他的店也不例外。他不得不关掉四家分店，只留下总店，拿曾经赚的钱，贴补进去。老吴跟我说了一件事，有一个老人十几年如一日，天天到他书店来读书。有一天，外面下大雨，店里没有一个顾客，他以为老人不会来了。可过了一会儿，却见老人冒雨前来，两条裤腿里灌满了雨水。为了那个老人，他也要把书店开下去。

老吴举办的那场读书会我去了，见识了他的书店。一层，三百平，门面朴素，夹杂在一街五光十色的店铺里，有遗世独立的况味。在我眼里，它是那座城最美的风景。

天津

我的中学时代

【中考真题】

“一切都将会过去；而那过去了的，就会成为亲切的怀恋。”这是普希金《假如生活欺骗了你》中的诗句。诗人告诉我们：生活不可能一帆风顺，当越过坎坷，蓦然回首时，你往往会发现，那些过去了的都已成为人生宝贵的财富，成为你“亲切的怀恋”。同学们，你也曾有过这样的经历和感受吧？请自拟题目，写一篇文章与大家分享。

要求：(1) 题目自拟；

(2) 紧扣材料主题，内容具体充实；

(3) 有真情实感；

(4) 文体不限（诗歌、戏剧除外）；

(5) 不少于 600 字；

(6) 文中请回避与你相关的人名、校名、地名。

【思路碎片】

这是篇回忆性的叙事性的文章，文体宜选择散文和记叙文。

这样的文章，除了要求所叙事情具有代表性外，还必须做到行文条理清晰，收放自如，描摹准确。

每个人都有自己的过去，每个人都有一些特殊的记忆，写下它来就是了。然在写作过程中，要避免过多议论、过多抒情，以免冲淡事情的整体性。

我曾跟一个写作的朋友说过这样的话，我们写文章，切忌太用力，力用大了，反倒适得其反，会弱化故事本身的感染力。

所以，当你叙述某个故事或描述一件事物时，不妨放轻松一些，再放轻松一些。来，我们坐下来，身子前倾，坐得靠近一点，就那么随便聊聊吧。字里行间的情绪，要克制一些，你只忠实于诉说一件事情，或几件事情，把它们放在一定的时代背景下。少用华丽的词语来装饰，只让它如一段溪流缓缓流过，让读者随着你平静的诉说，自觉地走进你的情境中去，引起共鸣。

【梅子下水文】

我的中学时代

人都爱用“青衫年少，白衣飘飘”之类的句子，来描写中学时代，很纯美，远离世间烟火的样子。真实的情形，其实不是这样的。至少我的，不是这样的。

我的整个中学时代，都穿着土布的衣，脚着一双母亲纳的布鞋，肩背母亲用格子头巾缝制的书包，在离家三十多里的老街上念书。

那时，乡下孩子，极少有家庭富裕的。每个孩子，看上去都差不多，都是一枚不起眼的小土豆。我们这许多的小土豆扎堆在一起，相互取暖，一起成长。

书自然是整天读着的，整天挖空心思去念着想着的，还有吃。

是的，吃。

不知是不是因为正处在长身体的年纪，我们每天总处于半饥饿状态。每个月，家里会担了粮米送来，给学校食堂。早上是稀饭就咸菜。中午是白饭就咸菜。晚上还是稀饭就咸菜。这样清汤寡水地吃着，肚子里很欠油水。

那时的伙食费，委实不多，一个月八块钱。交全了的话，中午可以加一个小菜，和一碗冬瓜汤喝。但很多孩子交不起。比如我。我们就自创一种汤，叫酱油汤。做法极简单，倒出一勺酱油，拿滚开水冲泡了。奢侈一点的，里面再滴两滴麻油，汤就成了。我读了几年中学，就喝了几年这样的汤。

下午的时光，总是漫长得厉害。两节课后，是做课间操时间，肚子饿得折磨人，操做得有气无力。偏偏食堂的师傅又来招惹，煎出香喷喷的葱油饼来，一只只，黄灿灿的，摊放在食堂窗口卖，上面撒满碧绿的葱花，整个校园都弥漫着那香。我们假装闻不到，把头埋到书堆里。可是，那香，从书上的每个字里跳出来。我们假装玩耍，大声说笑，可笑着笑着，鼻子不做主了，总要深吸一口，再深吸一口。周遭的每一寸空气，都是香的呀。有时，我们实在敌不过那馋，几个要好的女生去合买一只，分着吃。

盼着周六学校放假，真是归心似箭。一路马不停蹄奔回去，疼我的祖母，总会想办法给我弄点好吃的，煎两只鸡蛋，煮一碗小鱼。年少的心里，觉得世上最幸福的事，莫过于那样的时刻，可以有煎鸡蛋吃。可以吃煮小鱼。

周日返校时，每个孩子或多或少，都会自带些干粮。我的祖母会给我炒上几斤蚕豆，塞上两罐咸菜。还有一种吃食，是把面粉炒熟了，用沸水泡着吃。现在的孩子恐怕见都没见过，我们苏北人家，叫它焦雪。关于它，还有一段传说。相传久远的从前，六月天里，苏北地区闹饥荒，饿殍遍地。天上的雪神看不下去了，想拯救人间，遂降下雪面粉。但又怕上帝看见六月降雪，会治她的罪，遂把面粉的色泽，染得跟黄土地的颜色差不多。老百姓见天上飘下"泥土"来，人人惊奇。反正观音土都有人吃，这天上的"土"，更不可错过。于是家家争接这天上之"土"，拿开水泡了，吃在嘴里，竟奇香无比。饥荒过后，为纪念雪神，苏北人家就有了每年六月六，必吃炒焦雪的习俗。

学校宿舍老鼠多，一个个都能飞檐走壁，武艺高强。无论我们怎么藏着那些可怜的有限的干粮，它们都能轻易找到。即便我们把装了焦雪的布袋子挂到屋顶上，它们也有本事把布袋子咬出洞来，在里面大快朵颐。与它们几番较量后，我们甘拜下风，把吃食全转移到教室里去了。晚自修上到一半，就有孩子在位置上坐不住了，闻到桌肚子里的香呀。一俟下课铃声响，教室里立即沸腾了，瓷缸瓷钵子的，响成一片。不多久，人人都捧一碗热腾腾的焦雪在吃，整个教室都被焦雪的香给淹没了。

男生们都特能吃，自带的干粮，往往没两天就见底了，他们就偷我们女生的。咸菜，炒蚕豆，焦雪，饼片，见什么偷什么。女生们都心知肚明着呢，也不戳穿他们，有时甚至有意不锁课桌肚，任他们偷食去。其结果是，所带的干粮，往往支撑不到周末。我们又要过几天饿肚子的日子。

也结伴着去同学家打牙祭。有女生晚上要归家取东西，我们呼啦啦吆喝上五六个人去送她。乡下的夜晚，那么安静，我们的动作，却搞得那样大，齐刷刷站在女生家的院墙外，兴奋地说笑，等着她父母来开门。她母亲后来给我们做荷包蛋吃，一人三只。我们就那么心安理得地吃下去，不知一个穷家里，那么多鸡蛋，该积攒多少时日。

就这样，吃着吃着，我们也就长大了。吃着吃着，我们也就毕业了。

山东 · 青岛

栽种的喜悦

【中考真题】

有位作家曾说："不管生活多么繁忙，读书和听音乐对我来说始终是极大的喜悦。唯独这份喜悦任谁都夺不走。"相信你也有各种各样的喜悦，这喜悦使生活多了趣味，让心灵得以舒展，为人生增添亮色。

根据你对上面这段话的理解，结合自己的生活经历和感悟，自拟题目，自选文体（诗歌、戏剧除外），写一篇 600 字左右的文章。文中不得出现真实的校名与人名。

【思路碎片】

多喜欢青岛的这个作文题啊，读之，就心生喜悦。

我们的教育首先培养的应该是热爱生活的人，其次才论及其他。一个孩子若只沦陷在追求功名利禄中，对别的事物熟视无睹漠不关心，那他的心中，定不会再有热爱。当一个孩子失去热爱，他将来的生活还有什么意思可言？

每个人心中，都要有自己喜欢的事情，它也许与升学、工作、加薪、提职统统没有关系，它只纯粹属于个人的喜欢。因那份喜欢，常拥有喜悦之心。又因喜悦之心，品出寻常日子的诸多趣味。正如题目中所说，让心灵得以舒展，为人生增添亮色。

面对这样的题目，孩子们终于可以静下来，省视内心了。问问自己，我可有只属于我自己的兴趣和爱好？也许他的兴趣和爱好，并没有读书和听音乐那么高级，他只是喜欢玩玩泥巴，那又怎样？只要是他喜欢的，那就烙上他的标签了。说不定玩着玩着，人家就成了一个泥塑高手呢。当然，没有成为泥塑高手也不要紧，只要那份喜欢，能带给他足够多的喜悦和快乐，就很好很好了。

这样的文章，可一事一写，行文一定要真诚，写出那份由衷的喜悦。让读到的人，不自觉会翘起嘴角，跟着你喜悦起来。

【梅子下水文】

栽种的喜悦

我从不浪费一颗种子。

每一颗种子，都有它自己的奇迹——这是植物们告诉我的。

我手上如果有一颗种子，我绝不会随手扔了它，而是会把它种到一盆土里。

我备有很多的盆子，瓦盆是首选。因为它是从泥土里直接脱胎而来，而所有的种子，都是亲近泥土的。

我种过苹果、西瓜、柚子、柠檬、桂圆、火龙果、荔枝、柑橘、枇杷，都是吃完的水果种子。它们有的会发芽、成长，像柚子、柠檬、枇杷和火龙果，很快蓬勃出一盆新绿来。大半年的时间里，它们都是我书桌上最美的景致。

有的，暂不会发芽。我也不难过。得之，是意外。不得，也在情理之中。我很享受的是栽种的喜悦，和这种可遇不可求的缘分。

我买洋葱，吃剩下的，放冰箱里，日子久了，半颗洋葱头竟在冰箱里发了芽。我找只花瓶，把它装进去，它就不停地长啊长，长出肥绿的一串儿。有人说它是风信子。有人说它的是水仙花。——我得意，告诉他们，不是，是洋葱头啊。

洋葱头也有梦想的。

我还在瓦盆里栽过生姜，栽过花生。生姜拱出的新绿，像竹，摇曳生姿，极有看头。花生的茎和叶都美，开出的黄色小花更美，像黄玉雕出的小蛾子。我看书或写字累了，就踱到它们身边去，一盆的美好，摇曳着我的眼、我的心。这意外所得，如同赐予。

我还在瓦盆里长过油菜，养过小野菊。它们一律地，都端给我一盆的好颜色，让我的日子，充满欢喜和甜蜜。

不要埋怨生活不优待你，你要扪心自问的是，你优待过它吗？

还是请从一颗种子入手吧，爱它，珍惜它，你将收获到许多意想不到的快乐。那里面，期待有，惊喜有，美好有。更重要的是，它让你学会善待时光，珍惜拥有。

江苏

最美的语言

【高考真题】

根据以下材料，选取角度，自拟题目，写一篇不少于 800 字的文章；文体不限，诗歌除外。

花解语，鸟自鸣。生活中处处有语言。

不同的语言打开不同的世界，音乐、雕塑、程序、基因……莫不如此。

语言丰富生活，语言演绎生命，语言传承文明。

【思路碎片】

我是怕写高考下水文的。怕得很。

我怕被命题。

眼见着高三学子走进考场了，一上午，我都在碎碎念，我不要写，我不要写，我不要写。

我想过种种理由来推脱，我甚至想过要逃掉。可余主编说，你即使逃到美国，你还是要写的。她猜到我想逃了，早在一个星期前，就跟我约了稿。今天考生刚进考场，她的电话也到了，她说，梅子，你别忘了啊，等你的高考下水文啊。

我，实在没有别的法子好想了。

上午，终考钟声一响，作文题就热乎乎出炉了。我一瞄江苏题，乐了。这题，真是太对得起江苏这块土地了，清新清澈清灵清美。这世上，少了什么也不能少了语言。天空有天空的语言，大地有大地的语言，草木有草木的语言，河流有河流的语言，动物有动物的语言，器物有器物的语言，人类有人类的语言。有声的，无声的，生活有多丰富，语言就有多丰富。

窗外的小鸟这时似乎也要来凑趣，它们在几棵广玉兰上欢腾跳跃，婉转出一连串美妙的语言，啾啾，啾啾啾——长调复短调。广玉兰的花已噼里啪啦开了，花朵硕大，如同裹着厚厚的白绸缎。它一定对风说了什么秘语，风笑声暗起，撩起一长串的幽香，送往四面八方。天空真好，所有的白云朵都咧着嘴在笑，窃窃私语……

你看，万物都承载着语言的，要找到可写的素材，实在太容易了。然这样的文章，要写得出色，又是很不容易的。这个时候比拼的，就是谁的语言功底更扎实，谁的写作态度更诚实。

写作是要有写作语言的。中学生写作，往往会走入一个误区，喜欢华丽的辞藻、优美的句子。他们写起文章来，所用词用句，无不极尽旖旎奢华。以为唯有这样，语言才生动，文章才好看。

事实上，一堆美丽辞藻的堆积，反倒使写作语言变得空洞和矫情，使整篇文章呈现出一派花里胡哨的模样。像一张清洁素朴的脸，本来又秀气又平和，偏偏被浓墨重彩给涂染得失了本真，让人无法做到赏心悦目。——过于鲜红的红唇，过于浓重的眼影，于普通大众，都是极不适宜的。

不少人喜欢看汪曾祺的文章。汪老先生的文字，初看，看不出奇妙来，只如白开水一般。但你越品越有滋味，越品越上瘾。他的文字，少见花架子，少见绮丽，有的，都是平和。故土中的一草一木，一人一事，落到他的笔下，都如水墨画一般的，透着生命本应有的纹理和质地，素朴得叫人不忍错过。语言历练到这种功夫，必然会散发出语言的光芒来——如钻石般的，根本无须再多的涂脂抹粉，它的灿烂，是由内到外散发出来的。

真正闪光的语言，是质朴无华的，是水到渠成的自然。像微风拂过，看不见痕迹，却把沁凉注入心底。是小溪流经山涧，绿树红花，倒映其中。只因它是忠实于真实和真诚。写作有了真诚，那语言也便会如花盛开。

以我手写我心，忠实于你的内心，一笔一画，构建起整篇文章的骨骼，并注入你的真情实感，成其血肉。不用过多渲染，顺理成章，顺其自然。这样的文章，自会呈现出它独特的语言风味，让人越品越有味。

【梅子下水文】

最美的语言

回了趟老家。

这次回老家，我没像往常一样，预先给我爸我妈发布通知。我爸我妈毫无准备，他们真实的日常，便真实地袒露在我跟前。

上午十点钟的光景。村庄安静得像一座空城，轻微的风吹，也能听得见回响。地里的麦子熟了，有些已收割，有些还没收割。大地缄默不语。

有小白狗不识我，远远冲我吠，扯着喉咙跳上跳下，兴奋得不得了。村庄里来的陌生人也少，它一定当我是陌生人了。我苦笑，我何尝不是一个陌生人？

爸妈没有应声走出来。家门半掩着，门前的场地上，晾晒着麦子。场地边上，是我前年种下的花，两三年的工夫，它们已蔓延成一大片了。是些大丽花、波斯菊，还有小野菊，它们正颜色绚烂，热情高涨地开着。

花丛中没见到一根杂草，说明我妈肯定给它们除过草了。我关照过她的，一定要养好我的花。我妈记着了。

打我爸电话。我爸正在村部卫生所输液，他身体有炎症，又查出身体内长了个肌瘤。

村部挪了地方。我向一个人打听怎么走，那人很热心地把我送出好远。

村部大院子里没见到一个人。卫生所的一间屋子里，人却满满的，都是些老人，都在输液，我爸在其中。看见我，他很激动，别的老人都没有儿女去看望的，只他有。

他一个劲地傻笑，嘴里重复地说的只有一句，乖乖呀，乖乖呀。儿女是他最好的药，能止他一时的痛，让他忘了疾病。

妈原来在家，在蚕房里忙着。妈很像一片草叶子了，缩在哪个角落里，很容易被人遗忘掉。我责怪妈，不是让你不要再养蚕的么！

妈很委屈，她说，我家的桑叶长得那么好，那么好。妈的逻辑是，既然长得那么好，不养蚕就对不起桑叶了。

妈又喃喃，家里的活计我不做，谁做？你爸又不能做。他得了这个倒霉的病，总是尿裤子，一天到晚我要帮他洗十几条裤子。

爸听见妈的话，很抱歉地笑，沮丧地跟我说，我有时都觉得没活头了。

我安慰他，爸，咱活着一天就赚了一天。你虽有病，可比起那些中风躺在床上不能动的人，不是好很多了吗？

爸点点头，说，是啊，我还能吃还能睡，还能走还能动的。

咱有病就治病，积极地去应对，万事不要怕，有我呢，我会帮你安排得好好的。我继续宽慰我爸，并塞给他一些钱。

妈这时跑过来告状，说上次爸说带她上街玩，结果去逛了一天，什么也没舍得买，吃饭是买的盒饭，就蹲在冷风口吃下去了。妈本是笑着说的，说着说着，就抹起眼泪。妈的眼泪，近年来特别多。

爸只好干笑，说，你这人，你这人，也是你同意买盒饭的，那天我们不也吃得挺饱吗？

我实在不知说他们什么才好。想到风里头，两个老人蹲在一起吃盒饭，我鼻子就发酸。

爸手头也不是没有钱。我姐说，他存着好几万呢。但爸一辈子穷怕了，节俭得近乎吝啬，近乎抠。

爸有他的理由，万一呢，万一出个什么事要用钱呢，到时没钱，那不是让子女受累了？

爸是在为他和我妈的后事做准备，我心里明白，我只不说，假装天还长着，地还久着，岁月还未老。

我拉他们一起站在门前的花旁拍照，我妈为此特地换了身新衣裳，笑得像个小女生。我爸也很认真地把翘起来的衣角理平，又换一顶新帽子戴头上。

我一手搂一个，叫一声爸，再叫一声妈。这世上最美的语言，我怕是叫一声少一声了。但眼下我还能叫着，我很感激了。

2017

浙江 · 金华

蚂蚁和海螺

【中考真题】

阅读下面文字，从所给的两种写作形式中任选一种，按要求写一篇文章。

一只蚂蚁爬到海岸边，望着一个接一个的海浪涌到岸上，不禁忧愁起来："海这么大，而我这么小，我一辈子也不可能看到大海的尽头……我还活在世上干什么呢？"

……

形式一：自拟题目，以上述文字为开头，展开想象，续写故事。（上述开头不必抄到作文中。）

形式二：以"致蚂蚁的信"为题目，以大海的身份给蚂蚁写一封信。（信件格式可以参考现代文阅读中《致中国读者的信》。）

要求：（1）不少于500字；

（2）文中不得出现含有个人信息的地名、校名、人名等。

【思路碎片】

我们每一个人，都是被童话滋养大的。

可是，从哪天起，我们把童话弄丢了呢？我们变得干瘪无神、麻木无趣。我们的心灵荒草萋萋，却不复有神鸟出没。这，是成熟的代价，确实有些可悲。

幸好，有人警觉到了。幸好，还有这样的考题在，让孩子们可以重拾童话，放飞他们想象的翅膀，让他们在童话里，去安排各自的人生。这既能检测出孩子们的文采，又能检测出他们的思辨能力和解决问题的能力。蚂蚁的命运，是掌握在他们手里的。蚂蚁将何去何从，我相信他们会给出一个不错的答案。

两道题，无论是续写故事，还是给蚂蚁写一封信，都离不开大胆想象。万物皆有灵，跟我们人类一样，万物也有它们的酸甜苦辣悲欢离合，也有它们的徘徊无助、迷惘迷茫，拨开一层一层迷雾，更好地走向未来，是我们每个人都在做着的功课。写它们的故事，其实就是在写我们自己的故事。

真希望以后能多多看到这样的试题，那么，我们的孩子有福了。让我们的童话来得再猛烈些吧，那么，这个世界，将会变得更美好一些。

【梅子下水文】

蚂蚁和海螺

一只蚂蚁爬到海岸边，望着一个接一个的海浪涌到岸上，不禁忧愁起来："海这么大，而我这么小，我一辈子也不可能看到大海的尽头……我还活在世上干什么呢？"

它越想越难过，伤心的泪水，一滴滴淌下来，滴在沙滩上。它想起临行前，家人曾竭力反对它这趟远行："你好好地做一只蚂蚁，待在家里有吃有喝的不好吗，为什么要学什么大鹏鸟，去寻找大海的尽头呢？这对你有什么好处？"

这只蚂蚁在心里说，喊，这个破地方我早待腻了，我才不要再待在这儿呢。它像被鬼迷了心窍般的，对家人的劝说，一句也听不进去。

事情的起因得从一只路过的大鹏鸟说起。大鹏鸟停在它们家屋顶的树上休息，给它们一家讲述大海的故事。大鹏鸟说，世上最宽广的是海洋，宽广得无边无际。这只蚂蚁上心了，它想，大海真的宽广得无边无际吗？我一定要去看看，我要去寻找大海的尽头，那将是我今后生活的目的。

这个梦想折腾得它日夜不安。它终于不顾家人的强烈阻挠，独个儿上路了。途中历经无数的狂风暴雨，它曾跟随一枚叶子飘荡，也曾乘着一枚羽毛飞翔，历经九死一生，终于抵达海边。

在看到大海的第一眼，它很激动，大海太壮观了，惊涛拍岸，一浪高过一浪，茫茫复茫茫。然等它爬上岸边的一块巍峨的岩石，踮起小小的脚尖，也望不到大海的尽头时，它心中的信念倒塌了，疲惫的身体一下子垮了。它哭啊哭啊，真绝望。

“喂，小蚂蚁，你哭什么呢？天都快被你哭黑啦！”

蚂蚁突然听到一个浑厚的声音，在冲着它说话。它吃一惊，一抬头，是啊，太阳都快落山了，它哭了好长时间啦。

“你是谁？”蚂蚁惊惧地问。

“我嘛，是一只帅到无边无际的海螺哦。”那声音答道。

蚂蚁顺着声音找去，看到一只浑身有着漂亮花纹的海螺，正伏在浅水边，笑眯眯地看着它。

“天空这么美，海水这么蓝，你不好好享用，却在这里哭哭啼啼，这是为什么呀？”海螺长长地呼出一口气，吹了个好看的泡泡，问蚂蚁。

蚂蚁便一股脑地把它的“遭遇”说给海螺听，它问海螺：“你知道大海的尽头在哪里吗？”

海螺嗬嗬嗬笑起来，笑得快喘不过气了，它没有直接回答蚂蚁的问话，而是玩味地看着蚂蚁问：“这么说，你是从很远很远的地方赶来的喽？”

“是啊，我翻过了七座大山呢。”

“那现在，你回头看看你来时的地方，你能看到吗？”

蚂蚁回过头去，映入它眼帘的，是青山隐隐。来时的地方，已遥远成天边，哪里看得见。

“你来时的地方，是不是像在天的尽头？”海螺问，一边眯起眼睛，也朝着远方望去，“我从来没有离开过这片大海，以前也非常向往这片大海以外的地方，以为那是大海的尽头。有一年，来了一群鲫鱼①，它们千里迢迢游到我这里，欢天喜地地说，啊，这里好美呀，我们终于游到大海的尽头了。我这才知道，我所在的地方，原来也是他人向往的远方。”

蚂蚁若有所思。

“小蚂蚁呀，你已抵达大海的尽头了，不是吗？地球是圆的，每一个起点，也意味是终点呢。世界很大，好好爱好你脚下的那片土地吧。”

“我明白了。谢谢你，海螺。”蚂蚁不哭了，它开开心心驮起一粒沙，跟海螺告别。它想家了。它要回家，给家人们讲讲海螺和大海尽头的故事。

①编者按：头部顶端有吸盘，是食肉性海鱼，经常以吸盘吸附于船底。

山东 · 济南

醒来

【中考真题】

按要求作文。

“醒”，一个有温度的文字：山朗水润，万物苏醒；声声叮咛，爱的唤醒；点滴感悟，心灵觉醒；鉴往知来，值得我们警醒……醒来，是一种姿态，是一种对过往的反思，是一种成长。

请以“醒来”为题目，写一篇文章。

要求：①你可以大胆选择你最能驾驭的文体，写你最熟悉的内容，表达你的真情实感；②文中不要出现真实的校名、人名，如需要，可用“××”代替，否则扣分；③不得抄袭；④不少于 600 字（如写作诗歌不要少于 20 行）。

【思路碎片】

这题目本身就是一则极美的小短文。什么醒来？山醒来，水醒来，草醒来，花醒来，鸟醒来，太阳醒来……万物醒来。这是实写。又什么醒来？耳朵醒了，眼睛醒了，触觉醒了，心灵醒了……凡尘的声声召唤，历史的回声荡荡，无不摇动着我们的心灵，让它苏醒、惊醒、醒悟、醒转。这是虚写。

我选择的是两种写法混合在一起，让它热气腾腾着，让它百转千回着。

要使这样的文章写得好看，离不开“文眼”。对，文章也是长着眼睛的，如果“眼睛”够灵动够清澈，整篇文章自然就好看了。这就好比远天苍茫中，突然跃出的一点红，或是一抹绿，那样的律动和艳丽，有谁会漠视相忘？又好比落日渐渐没于长河，孤烟直直地浮升在大漠上空，那样的景色，直叫人魂魄为之悸动。

平时的写作训练，我们必须在“文眼”上下功夫。这“文眼”可以是一个字、一个词，比如“红杏枝头春意闹”中的“闹”字；也可以是一句比喻、一段感触，比如我写的“它豢养的云朵，像睡醒的小兽，一只一只跑出家门”。词语和比喻运用恰当，自会使文章光彩熠熠。

【梅子下水文】

醒来

我喜欢冬天清晨六点的天空。你眼见着那墨黑的夜幕，被一点点拉开，天空从沉寂中醒来，它打着呵欠，伸着懒腰。它豢养的云朵，像睡醒的小兽，一只一只跑出家门。东方天慢慢渗出一丝一丝血红来，像孵着一窝的小鸡，眼见着那些小鸡鲜艳的小脑袋，在里面一拱一拱的，就要拱破蛋壳了，——太阳快醒来了。

栖身于人家屋檐下的小雀们，被晨光惊醒，嚷嚷起来，先是一只两只，后是无数只。叽叽，啾啾，喈喈喈，宛转好音。它们的叫声，逗引得别处的鸟也跟着叫起来，野鸽、乌鸦、喜鹊，竞赛般的，一时间，满世界都响着它们的呼唤，醒来呵，醒来呵。清冷的清晨，因它们的叫声，有了热情，有了温度。

楼下的树也醒来了，薄霜已化成露珠，一滴一滴，在它们枝头晶莹。它们轻轻摇摆着光秃秃的枝条，花凋叶落已成往事。它们心头，有着别样的梦，长冬过去，就是春天，到时，又有繁花簪满头。

我养在阳台上的花，也醒来了，一簇簇艳红，像红霞上了脸。花的名叫得好，长寿。它们果真很长寿，一个冬天都在开着花，能开到春天去。

我翻开书，一边晨读一边等。我在等一阵叫卖声——老酵馒头，老酵馒头！声音短促而富有节奏。像谁的手，不经意碰触到小提琴的琴弦，“嘭嘭”两下，再“嘭嘭”两下。

从声音判断，这是个中年男人。该有着清瘦的一张脸，眼睛不大，够亮，笑容清淡，皮肤黝黑。我应该在哪里见过他。是了，我常常经过的十字街头的拐角处，总有一辆卖馒头的小拖车停在那里，在四五点的黄昏。车旁守着一个男人，清瘦的一张脸上，挂着淡淡的笑，他不断地对着行人叫，老酵馒头，老酵馒头！

这个时间段，这个声音总会响起，像设定的闹钟一样准，如同约定好的一般，寒暑不论，风雨无阻。它在我，恰如一段美妙的晨曲，每日醒来必听。它带着暄软的热腾腾的气息，带着麦子的清香、肠胃的渴盼、生活的愿景……总之，我在这段晨曲中，很有些百转千回了。

它唱响之后，小区的动静慢慢变大，有了车喧人声。我所在的小城，从沉睡中醒来，开始了它新的一天。

江苏

那年，那次远行

【高考真题】

根据以下材料，选取角度，自拟题目，写一篇不少于 800 字的文章；文体不限，诗歌除外。

生活中离不开车，车，种类繁多，形态各异。车来车往，见证着时代的发展，承载了时间的真情；车来车往，折射出观念的变迁，蕴含着人生的哲理。

【思路碎片】

这是一则材料作文题，虽短小，料却给得足足的，信息的容量非常大，“时代的变迁”“人世的变化”——短短十个字，就几乎把人类的足迹，全涵盖进去了。千秋万代，继往开来。

好写么？当然。它让每个面对它的考生，都能做到有话可说。就算你是封闭于一隅，也免不了要与车打打交道，在记忆里留下“车”的痕迹。即使在最不发达的地区，最不发达的年代，还有牛车马车或是小推车呢。

难写吗？难。整天以学校为单位的孩子，少有社会经验，缺乏社会阅历，对类似“时代的发展”这巨大的命题，往往手足无措，他们竭力想表达好，却容易陷入假、大、空之中。他们会罗列出许多的车，从以前的马车牛车，到后来的自行车有轨电车，到公共汽车私家小轿车，到如今的地铁高铁，一股脑儿陈述下来。面面俱到了，无一遗漏了，体现出时代发展了，然而，这样的文字却少了张力和感染力，只是陈述了一些人人都知道的历史事实而已，显得空洞无趣得很。且那么多考生里，这样写的，怕是不在少数吧。千人本应有千面，却戴着同一张面具，想想就很可怕。

这个时候，咱就要换一种思维方式，另辟蹊径，不走大众路，而走自己的路。每个人的经历里，都与车或多或少有着关联，都留下一些痕迹，顺着那些痕迹去挖掘，一个个小故事就破土而出了。找一个或几个自己最顺手的来写便可，每一辆车上，都承载着时光的倒影。车随人走，车的变化，见证着人世的变化。

从小事件入手，注重细节描写，我想，你离写一篇好文章也就不远了。

【梅子下水文】

那年，那次远行

冬夜，正睡得朦胧，被人轻轻推醒。国英姨娘的脸，在我的眼前晃，她说，乖乖，要起来了，要去接新娘子了。

我一下子清醒过来，我是被当作小伴娘，接到她家住的。

能被选作小伴娘，是很荣耀的一件事。全村有那么多女孩子，不是长相不讨喜，就是属相不好，犯冲。我有着一副圆脸蛋，望之团圆可爱。且属相又好，国英姨娘权衡再三，最终选定了我。

做伴娘的好处多多，能一连好几天，吃上好吃的，这是其一。能讨得许多喜糖，装满两只小衣兜，好些天里，嘴里都是甜的，这是其二。又突然从不起眼的小角色，变成了众星捧月的那一个，每个人见着我都会笑，说上一句，啊，梅你要去带新娘子啊。言语里，颇多羡慕。我觉得自己很重要很重要了。我还有个更大的私密的快乐，那就是，我可以，出远门了！我将被一辆自行车载着，到一个陌生的别样的地方去。这对于生活在偏僻乡下的十岁女孩子来说，他方，是极具诱惑力的。尽管，那是夜里面去。

那些年，按吾乡风俗，接新娘子，都是在夜里进行的。冬天的夜，真是深，像屋后的大河一样深。天上的星星，却亮得很，像灶膛里的火星子。接新娘子的自行车，被新郎官推出来了，上面缠着红绸布。载我的自行车上，也缠着红绸布，是新郎官的一个表兄骑的。国英姨娘给我口袋里塞几块糖，叮嘱我，乖，你要坐稳了啊。我点点头，跳上车后座，觉得自己像跨上了骏马，真神气。可惜，是夜里，少有人看得见。

新娘子家在另一个镇，有三十多里地的路。我只记得拐过了很多弯，路过了很多桥。四周的田野，人家的房子，像一座座山峦，酣睡着，充满神秘。天冷，泥路又多颠簸，很快我的腿脚就麻木了，身子也麻木了。可心窝里，却像揣着一团火，说不清的，就那么热烈地燃着。夜很静，静得天上星星呵气的声音，似乎都听得到。新郎官和他表哥都不说话，他们只顾埋头踩着车。我也不说话，只听得见自行车的车轮子，在坑坑洼洼的泥地里，发出嚓嚓嚓的声响，一声连着一声。那么旷远，像一支永远也弹不完的歌，它就那样载着一个小女孩，走呀走呀，走向无穷里去。

半路上，我摔过一个跟头，从自行车的后座上被颠下来。那一跤，跌得不算重，但因我的腿脚麻木了，愣是坐在地上半天起不来。新郎官和他的表兄吓坏了，他们搓着双手，围着我说，妹妹，这怎么才好？我暗暗给自己鼓劲，终于，一瘸一拐上了车。他们都长舒一口气，剥一块糖塞我嘴里，叮嘱我，妹妹啊，你千万别对人说你摔过跟头的呀。

一晃好多年了，我回老家，遇到当年的新娘子，她都做奶奶了。她扶着她的小孙孙，在路边的一棵女贞树下玩耍。我说，你可记得当年，是我坐着自行车去接你的呢。她眨巴着一双皱纹密布的小眼睛，愣愣看着我，旋即笑了，可不是。想当年……

想当年什么呢？门前的路，早已换成水泥路，平坦宽广，公交车已驶到家门口。看着车来车往，我们微笑着，都没有再说话。

2016

湖南 · 郴州

美在身边

【中考真题】

请以“美在身边”为题写一篇记叙文。

要求：(1) 不少于 600 字；(2) 不得出现真实的人名、班名、校名；(3) 不得抄袭本试题卷文段。

【思路碎片】

这个题出得挺好的，孩子们的写作，就该从身边的事物写起。

身边的美有哪些呢？这就很考验孩子们平时的观察力了。它可能是小区的一个清洁工，可能是学校食堂烧饭的师傅，可能是菜场上卖菜的阿姨。身边的一花一草，也都是美的一分子。走惯的那条路上，也有美的故事在发生。

写这类文章要做到情景交融，才会生动。

明末清初的思想家王夫之，在关于文学作品中“景”与“情”的关系上，有两段精彩描述：

情境虽有在心在物之分，然情生景，景生情，哀乐之触，荣悴之迎，互藏其宅。

情景名为二，而是不可离，神于诗者，妙合无垠，巧者则情中景，景中情。

这两小段话，译得直白一点，也就是我们常说的，情景交融。情和景，是密不可分的。

王国维在他的《人间词话》里，也如此强调：

文学中有二元质焉：曰景，曰情。

要特别指出的是，这里所说的“景”，不只局限于我们眼中所见到的自然风景，它还包括我们能够遇到的人、事、物等等，所构成的社会生活图景。若没有“景”的存在，“情”就成了无源之水，无本之木，就找不到落脚点了。

【梅子下水文】

美在身边

多年未曾联系的大学同学，突然跑来找我。

同学来自大都市，见识过太多旖旎风光，品尝过太多美味佳肴。得知她要来，让我很是慌张了一阵子。小城地方小，没什么特别的美景可看，吃的用的也都简朴，我不知拿什么来招待她。

同学终于来了。她听说我在酒店已订好包间，立马让我取消掉。“坐在包间里吃饭多没意思啊，我要去街上露天里吃，顺便看看你们的街景。”同学说。

我忙冲她摆摆双手：“千万别，我们这里的街景可不好看，吃的东西也平常，你见了会失望的。”

同学执意要去，她说：“我可不管，我就是想看看嘛。”

拗不过她，只得带她上街。街边建筑参差不齐，街道也窄。吃食小摊倒是不少，这里那里，吆喝声四下里响。我有点替小城不好意思，这么乱。同学却全然不觉似的，这里看看，那里看看，看得兴趣盎然。还时不时举起相机拍拍，嘴里夸张地惊叹，完美，太完美了。

我觉得好笑，笑话她：“你是大鱼大肉吃腻了吧，看到这青菜萝卜也觉得稀奇？”

同学歪头一乐：“等会你就知道了。”

她一头扎进一堆烟火里，要了一块煎饼，再包上根油条，一口咬下去，直呼好吃。又品尝了米粉和馄饨，还吃了块梅花糕，吃得撑了，这才心满意足，说："好过瘾。"又对我说："你生活在这里，可真不错。"我唯有苦笑。

饭后，我陪着她，沿着一条河边的林荫道消食。两三里的路程，同学一直没闲着，举着相机拍个不停。回到宾馆，同学把照片下载到电脑上，她拉过我去看。我一看，吃一惊，张张照片都如同大片，美得动人心魄。比如，夕阳照着一个棚屋的屋顶，像在上面孵了一窝金色的小鸡。比如，一男人骑跨在电瓶车上，倾过半个身子，伸手去接他买的一袋吃食，笑微微的。他前面的车篓里，搁着一盆开得好好的大丽花，那应是他买了带回家的。整个画面给人一种岁月静好的感觉。比如，露天广场的台阶上，一个小女孩弯腰在捉什么，月光泊着，波光粼粼。比如，一对老人手挽手，走在林荫道的暗影里，他们相偎的背影，似在放着光芒……

同学问我："没想到吧？"我老老实实点头承认，心里感慨万千。我想起一句话来，熟悉的地方没有风景。其实哪里是没有啊，只是因太过熟悉，反倒变得无睹罢了。我们总像追风的猫，追着远方去，以为真正的美，只有远方才有。殊不知，美，一直就在我们身边。

安徽

你是我最牵挂的人

【中考真题】

请以“你是我最______的人”为题，写一篇文章。

提示与要求：

（1）请你从“贴心”“感激”“牵挂”“欣赏”四个词语中选择一个，把题目补充完整。

（2）诗歌除外，文体不限。

（3）文中不要出现真实的地名、校名、人名等，否则会被扣分。

（4）文章不少于 600 字。

【思路碎片】

说实在的，初看到这题，我不喜欢。不喜欢是因它太直白，一点不含蓄。像我这么一个成年人，要我对谁说出，呀，你是我最贴心的人最感激的人最牵挂的人最欣赏的人呀，还真有点不适应。

是从什么时候起，成人的感情，已变得藏而不露了？我们不会轻易再流露出欢喜或悲伤，我们自认为那是成熟，是矜持，是稳重，是处世不惊。练就了一身的铜墙铁壁，找不到真心了。

小孩子多好，哭也真，笑也真，喜欢你他会对你大声说出，我爱你呀。不喜欢你，他会对你瞪眼直言，我讨厌你。久未见你，乍然见到，他会快乐地奔向你，抱着你说，我好想你呀。他会因与你分别恋恋不舍，而号啕大哭。尽管，他知道哭完全不顶用。可是，他要表达出来，他就表达出来了。他的心，完全是赤裸着的。像沾着露的花蕊。

我这么想着，忽然惭愧起来。我好像丢掉了孩子的那个“真”，他们才是真性情真本色。幸好，我还有记忆在，把生命中遇到的人，一一打捞了一遍，哪些是贴心的，哪些是值得我感激的，哪些是我牵挂的，哪些是我欣赏的。

这题，叫少年们写，多么好。也是给他们提个醒，不要走着走着，就忘了，生命里那些重要的人啊。让他们学会感恩，学会惜福。

写“人”的文章，最注重的，就是真情实感。何况，题目中还加了个“最”字。无论是贴心，或是感激，或是牵挂，或是欣赏，那一个人都是在自己的记忆里，留下了深刻印象的，对自己的人生产生过很大影响的。所以，你要写好这类文章，只要抓住小细节来写就可以了，少空洞的抒情，多白描，从真实的小细节里，体味人间真情。

【梅子下水文】

你是我最牵挂的人

儿子走出家门时，是没有回头的。

我站在窗子前，看他。外面下着小雨，他拖着行李箱，撑着伞，独自走着的背影，有点像张开翅膀的大鸟。

他飞了。尽管，我不大容易接受这个事实。但，还是不得不接受这个事实，——鸟长大了，总是要飞的。

他的背影，眼看着要转过小区的一角，我赶紧下楼，跑，跑到小区门口去。看到他在人缝里闪了一下，就不见了。我呆呆站在那里，怅然许久。他昨日挥着小胳膊，迈着小腿，朝着我欢笑奔跑的样子，还历历在目着，现而今，他是连头也不肯回一下子的。他大了，他要一个人去打天下。

之前我们有过一段对话。晚上，我看他收拾行李箱，把衣物，一件一件叠好，装进箱子里。我假装找东西，不时走过他身边，瞟瞟他的箱子，瞟瞟他。我怕他会有遗漏。在我，是恨不得把所有日常生活用品，都给他打包带上，连上厕所的卫生纸，也不要落下。最好再背上一口锅，捎带上一个菜篮子，里面装上油盐酱醋，——外面的吃食多不卫生多不安全呀，他要吃自己做的才好。

儿子见我频频在他眼前晃，终忍不住了，发声道，妈，麻烦你不要走动了可以吗？

我终于憋不住了，接口道，你带这么少的衣服，不够穿了怎么办？被套枕套你都没带，你睡什么？洗脸的毛巾你也忘了拿。还有洗发精、牙膏和抽纸哎，这些怎么能少得了？

儿子“扑哧”笑了，外面不是都有超市吗，这些东西超市里都能买到。再说，现在网购挺方便的。

我想想，也是，是我空多了一颗心了。遂问他，明天妈妈送你去车站好不好?

不要。儿子回答得斩钉截铁。

我又不是小孩子了，他很好笑地看着我，说，妈，你不要总当我长不大。

可是……我顿一顿，无词。其实，我很想问问儿子，出去了会不会想我之类的话。但我知道，倘若我这么说，定会让他很不屑的。我咽下了要说的话。

他把东西收拾好，洗漱了准备去睡，在我书房门口蜻蜓点水了一下，妈，我去睡了，你也早点睡。我到底忍不住了，跑出书房，很多情地抱了他一下，心里潮潮湿湿的。我说，到了之后，打个电话给妈妈，报个平安。

儿子挣脱掉我的拥抱，平静地答，知道了。

以后每天都要给妈妈打个电话，我提要求了。

儿子抗议，哪能每天都打，我也要做事呢。再说，哪有那么多事要向你汇报呀。

唉，我又自作多情了。可是，亲爱的儿子，你哪里知道，妈妈对你，会永远多情的。因为，你是妈妈永远的牵挂啊!

儿子到了之后，只简短地给我发了一个信息，妈，我到了。他在他崭新的天地里，如鱼得水。

我把手机上关注的城市天气预报，设置成他在的城。我把电脑桌面上关注的城市天气预报，也设置成他在的城。因他在，那个城成了我最牵挂的城。我熟知它的天气变化。我知道它的公交地铁有多少条线路，且每一条线路都通向哪里。我知道它最好吃的美食是什么。我知道它周边的风景都有哪些……

突然想起我妈对我说过的话，你就是活到八十岁了，只要妈妈在，你便还是妈妈的孩子。

我想回老家看看我的妈妈了。天底下的子女，哪一个不是妈妈最大的牵挂?

福建 · 厦门

洄游

【中考真题】

有些鱼类有洄游现象，历尽艰险也要回到它出生的家。在我们成长的过程中，也有着“精神洄游”的现象：我们要洄游到过去的时光中，洄游到心灵、文化、社会等往事中，洄游到爱与美、诗与思的精神家园里，去寻找情感的本真与思想的胜境。在岁月里洄游，我们可以看见未来。每一次的洄游，都是一次成长。

请以“洄游”为话题，写一篇文章。

【思路碎片】

《新华字典》上是这么解释“洄游”的：海洋中一些动物（主要是鱼类）因为产卵、觅食或季节变化的影响，沿着一定路线有规律地往返迁移。也作回游。这种现象，能否解释为一种生存的本能呢？

人的生存，与鱼的生存有类似之处，我们不停地往前走着，却也本能地时时回望来时的路，让精神像鱼一样地，游回到曾经的家园去，在那里获得短暂的安宁和抚慰。那个“家园”，也许就是我们从小生长的地方，也许是我们偶遇到的一处桃花源，也许是先民们根植于我们血液里的信仰、美、爱和思念。

总之，那是一段往昔。

题目的材料中，也给足了提示，“在岁月里洄游，我们可以看见未来”。其实，远远不止这个，回望来时路，我们的内心，会获得温暖而绵长的力量，我们会感恩，会感激，会更有勇气走好脚下的路。

这题，因“洄游”二字，显得高大上了些，其实，它就是要我们记一件或两三件从前的事情。不忘过去事，方知今日事。成长，是一个脚印接着一个脚印的，每一步都算数。

写这类文章，适合安排些背景进去，使文字有画面感。天空、大地、花草树木，都可以作为背景。好的文章，少不了背景衬托。无论叙事，还是叙物，有了一定的背景作底子，文章中的事与物才有了灵与肉，才会变得骨骼丰满，锦绣无限。

【梅子下水文】

洄游

回忆是顶捉不准的一件事。也许因一首歌；也许因一个相似的场景，一句相似的话语；也许因一个背影，一个举手弹眉的小动作；也许，什么也不曾发生。就像这会儿，我在阳光下坐着，风，或者说是时光，把我插在瓶子里的一朵天人菊，弄成了干花。小区里人声物语都是日常。有人午后带着孩子出来闲遛，那小孩子撒欢得像只小狗，就差再多生出两只蹄子才好。

我的思绪突然无来由的，就洄游去了乡下。提着猪草篮子的小丫头，在芦苇荡里，捡到麻雀蛋了。心里真是欢喜，那麻雀蛋，回去清水里煮煮吃，是上等美味，又果了腹，又解了馋。清汤寡水的日子里，那算得上是奖赏了。

野花儿真多。一出门就是。沟边河畔田埂边，都是。不用出门，甚至也能看到。它们就在屋檐下开着，就在砖缝里开着，就在土墙上开着，就在茅屋顶上开着。小丫头是喜欢花的，她每天都要采很多，插在头上，缀在衣襟上，拿水碗或是罐头瓶养了。罐头瓶真是稀罕物呢，奶奶有。是来看望奶奶的那些本家叔叔伯伯们送的。也不多，每年里，有那么一两回，他们来，提着罐头来。罐头是糖水梨的，或是糖水橘子的。好吃得不要不要的。奶奶舍不得吃，最后，大多数都偷偷给了小丫头吃了。奶奶最疼小丫头。

空罐头瓶成了小丫头最珍贵的宝贝，她用来收藏石子、落叶、羽毛等杂七杂八的东西，也用来插花。一罐头瓶的花，摆在家神柜上，简陋的家，变得光彩照人。被生活重压压弯了腰少有笑脸的妈妈，出出进进的，看到家神柜上的一罐头野花时，她的脸上，也会掠过淡淡的一抹笑纹。小丫头偷偷观察过，妈妈笑了，她很开心。

小丫头还趴在地上，看蚂蚁搬家。她嫌蚂蚁跑得慢，自作主张地把一只在翻越土块，犹如翻越一座小山的小蚂蚁，送到一株棉花的高枝上去了。那只蚂蚁一下子离家“千万里”，有点惊慌失措。小丫头还捉蜻蜓，用棉线扣住蜻蜓的脖子。唉，可怜的蜻蜓，没办法飞了。村庄的炊烟升起，家里的小羊出来寻她。那小羊真是通人性呢，跟小丫头最好，一见到小丫头，就欢蹦乱跳地奔过来。一个小丫头和一只羊，走在回家的路上。通常这个时候，夕照满天。

我这么回忆的时候，很想抱抱那个小丫头了。她扼杀了多少麻雀的孩子呀，又让多少小蚂蚁流离失所，还有那可爱的小蜻蜓，它们那么无奈地被她捉住，失了自由。我原谅了她。那日子自有清苦中的芬芳，叫我如此想念。

我怎么就回忆起这些来了呢？皆因那些单纯清澈的时光，回不去了吧。

江苏

十亩间

【高考真题】

根据以下材料，选取角度，自拟题目，写一篇不少于 800 字的文章；文体不限，诗歌除外。

俗话说，有话则长，无话则短。有人却说：有话则短，无话则长——别人已说的我不必再说，别人无话可说处我也许有话要说。有时这是个性的彰显，有时则是创新意识的闪现。

【思路碎片】

说句老实话，第一眼瞄见今年江苏高考作文题的时候，我完全蒙了，不是一般吃惊，而是相当吃惊，这绕口令绕的！有话则长，无话则短。又有话则短，无话则长。——这明显语句混乱，是段经不起推敲的材料啊。

我不打算写了。加上我的电脑这时又非常体贴地罢工了，关不了机，也开不了机，屏幕僵死在那儿。我翻找出一台早前用过的旧笔记本，许是冷落它太久了，它闹着脾气，打一个字要等上好几秒钟才显示出来。我于是给约我写下水文的编辑打电话，直接回她，写不了。

她那厢急了，别呀别呀，我的版面还在等着哪。

我在家里转着圈儿，一会儿跑去看看阳台上的花，一会儿跑去窗口看看外面的天。阳台上的斑竹海棠开着，小小的红花朵，像张开的唇，似有话要说。天空阴着，一团团黛青色的云拥着挤着，闹哄哄的，也似有话要说。它们会说些短的话还是长的话呢？这么想着，我笑了起来。

拿过材料再细看，也没那么面目可憎了。我毫不可惜地扔掉最后那所谓“创新意识”的噱头，把“个性”两个字圈了起来，在旁边加了个五角星标志。有时出题人很狡猾，设置很多障碍，抛洒很多迷雾，目的就是为了迷惑你，让你找不到真正的通向主题的路。这个时候，你莫慌，冷静下来，找关键词语。我以为，这题里面最关键的词语是“个性”二字，纵使后面说的创新意识，也是个性使然。

尘世中人，各有性格。有的人惯常话多，有的人惯常话少；有的人有时话多，有时话少；有的人口齿伶俐，自然话多些，有的人口齿笨拙，自然话少些；有的人视情形而定，该他沉默时沉默，该他说话时说话……无论话多，还是话少，体现的都是人品和个性。理清题目的意思，再下手就容易多了，找出说话的主体，赋予他鲜明的个性。

在取材时，要尽量从熟悉的事物入手。哪怕是再创造，也要把它安到现实的土壤上。我想起曾看到的一段话：

> 话，不能说得太满，满了难以圆通；调，不能定得太高，高了难以和声；事，不能做得太绝，绝了难以进退；利，不能看得太重，重了难以明志；人，不能做得太假，假了难以交心。

它对我们的写作，同样有一定的启示意义。写作，调子不能定得太高，低到尘埃，方显本真。

【梅子下水文】

十亩间

我喜欢去逛小蓟的花店。

小蓟的花店，不大，却有个耐人寻味的名字：十亩间。这三个字，用白漆书写在一块褐色的原木上，挂在花店门前的墙旁，上面攀爬着绿的藤蔓。我每每总要为之注目，我想起《诗经》里的句子，十亩之间兮，桑者闲闲兮，行与子还兮。——十亩桑田青青，采桑的姑娘多么悠闲轻盈，晚霞照拂着炊烟，她们采好桑叶，相伴着一起回家。那景象，我以为是人间烟火里最美的。

不知小蓟的店名，是不是取自这里。问他，这个大男孩笑了笑，没说是，也没说不是。他白白的牙齿上，晃动着阳光的影子。

他店里的花草品种也不是很多，常见的不过是些草花，桔梗、石竹、波斯菊、太阳花之类的。他还极喜欢侍弄些野花来长。用他亲自烧制的瓦罐长一年蓬。用他亲自设计的陶罐长三叶草和蒲公英。瓷盆子里，他长红蓼和紫花地丁。那些野花，经他的手一拨弄一摆放，立即光彩起来，雅致起来。是灰姑娘穿上水晶鞋了。

小蓟是学美工的。据说他在这行的学业很突出，曾有大公司开高薪聘他，小蓟没去。有人替他可惜，说，小蓟你傻啊，放着那么好的机会不去，开个小花店能赚几个钱啊，还这么辛苦。小蓟只是笑笑，回，我愿意。

小蓟把他长的那些野花，在店门口排成一排，也是沸沸扬扬的花世界了。

大家见了，盯着左瞧右看，终恍然大悟，叫起来，小蓟，这不是野花么？野花也可以这么长？

小蓟笑笑的，不解释。那些花与花器的完美搭配，却叫人无法挪步，最后都忍不住捧上一盆两盆回去，野花也当家花来养了。

我在小蓟的“十亩间”来来去去多了，有时会跟小蓟开玩笑，我说，小蓟，你话怎么这么少呢，话多了才会赢得更多的客人呀。

小蓟就笑，白白的牙齿上，晃动着阳光的影子。小蓟说，要说那么多话做什么呢，做好自己就是了。

我怔住，看着小蓟。他穿过他的那些花花草草去，竟也似其中的一棵或一朵了。

小蓟的“十亩间”，一直在那儿，在一条普通的小巷子里。不大的一间屋，花的品种也还是那些个。但隔些日子不去，我会很想念，便又跑去了。小蓟还是那个样，微笑着，不多言说，只拨弄着他的那些花花草草盆盆罐罐，却让人觉得无比地安心和舒适。看着他，总让我觉得惭愧，想想我们日常说了多少的废话，淹没掉多少好光阴。有时，少言的人，却自带光辉，就像植物们从不说话，但在植物们跟前，你自然而然会敛神静气，心灵也跟着洁净起来。

2015

广东 · 深圳

回家

【中考真题】

家，是早出晚归的住所，是日夜思念的故乡，是精神栖息的殿堂……

回，是过程，是情结，是觉醒……

回家，从家人的喜怒哀乐中感受亲情，从故乡的离别团聚中体味牵挂，从精神迷失回归中找寻寄托……

回忆你记忆中最难舍的“家”，叙写出你的故事，抒发你的情感，分享你的感悟……

题目：《回家》

要求：1. 不少于 600 字，900 字以内； 2. 除诗歌外，文体不限；3. 文中不能出现影响评分的校名、人名，如不得不出现，请用 ××× 代替；4. 不得抄袭或套作。

【思路碎片】

刚刚还是阴霾天，这会儿，太阳突然冒出来了，整个世界，一片光华灿烂。

阴暗与明媚的转换，原是如此迅速，不落痕迹。

我对着窗，在写字板上敲字。窗外泊着几朵阳光，白绒球儿似的。鸟的叫声，响在不远处，在人家的屋后面，在那几棵杉树上。

我知道那几棵杉树，长在小径旁，笔直的枝干，直指天空。上面密布着细碎的叶子，在季节里，绿意弥漫。某天月夜，我打那儿过，看到树梢头，挂着一朵白莲花一样的月亮。仿佛烟尘隔绝，独留那样的美，轻轻在荡。我呆呆站在那里，仰头看，动弹不得。天空澄清，杉树安详，鸟睡了吧？我仿佛听到鸟的呼吸。月光的羽毛飞起来。那会儿，周遭的一切，静止成水墨画。

很奇怪的是，我常常会忘了很多的人，很多的事，却独独清晰地记着那晚的月色，有意无意总会想起。就像此刻，窗外阳光飞溅，鸟声啁啁，我又想起那晚来——月亮，树，鸟，还有，呆立在月下的我。我们就那样相逢在夜色中，亘古不变的模样。

这大概便是安静的力量，于无声处胜有声。

我们笔下的文字，有时，要的也是这份安静，来营造出别样的意境。明代朱承爵在《存余堂诗话》中说："作诗之妙，全在意境融彻，出音声之外，乃得真味。"这里，他说到作诗的美妙，在于"意境"的营造，而好的意境，又在音声之外。推及作文，我以为一样。没有文章能离得了意境的，它会为你的文章增添所需的色彩、温度和味道。

只是，意境的深远与否，常常决定了一篇文章是炫目的，还是平淡的。是令人一见难忘的，还是叫人根本记不住的。这就要求我们在作文时，要能精于意境的营造，就像朱承爵所主张的，出音声之外。换句话讲，也就是说，你笔下所营造的意境，并非是喧哗的，大张旗鼓的，而是安静的，从容的，是慢慢渗透，静静烘托，使整篇文章入了味，唇齿留香。

“回家”这样的题不难，即便对于十几岁的娃娃来说，他也有关于家的种种记忆，童年的家，少年的家等等。要注意的是，材料中给了一定的限制，“叙写出你的故事，抒发你的情感，分享你的感悟”，这里的家，必须是你所“经历”的家。哪怕你创造出另一个家来，也要以你的口吻来写。因这类文章写出来，相似度极高，你的行文走笔，要做到意境在音声之外，让寻常的叙事，变得有滋有味，方才能在众多的“回家”里，脱颖而出。

【梅子下水文】

回家

父亲生日，我记着，买了蛋糕和礼物，回家。

父亲很有些意外了，他根本没想到我能记着他的生日。他高兴得手足无措，在家门口转来转去，一会儿弯腰扶扶倚在墙边的扫帚，一会儿挥手去赶来凑热闹的鸡。我把买给他的礼物——一件外套拿出来，让他穿上试试。他不好意思起来，装作不在意地说，不就是个闲生日嘛，买什么衣裳。

我说，爸，闲生日也要过，以后每年我都会替你过。心下却黯然，父亲都七十有二了，又有几个生日好过？

父亲却满足得“嗬嗬”笑起来，我看到他混浊的眼里，有亮亮的东西闪现。我的举手之劳，一定在他心里掀起了万顷波澜。我和母亲在厨房里做饭，就听到他在外面大着嗓门，不厌其烦地告诉邻居二爹，我家二丫头特地请假回来给我过生日。不就是个闲生日嘛，还给我又买衣裳又买蛋糕的，他补充道。

母亲不屑，母亲说，你爸就爱吹牛。母亲的脸上，却荡满笑意，——母亲也是欢喜的。

饭桌上，不胜酒力的父亲喝多了，他颠三倒四地叨叨，我真幸福啊。

我笑看可爱的老父亲，心里惭愧，从前的日子，我疏忽父母太多。好在还有当下的日子，我可以弥补。

出门去，阳光荻絮似的，淡淡轻拂。午后的村庄，安静得很像一捧流水，只剩下老人和孩子了，——其实，孩子也没见着几个。只有几只狗，主人似的，满村庄溜达，不时吠上一两声。我以为，它们是寂寞了。

我去田间转悠。这里，那里，都曾留有我少年光阴。我在地里挑过猪草羊草。我在地里掰过玉米，拾过棉花。我熟悉很多植物：车前子、牛耳朵、婆婆纳、一年蓬、黄花菜、苜蓿、菖蒲和苦艾。一蓬一蓬的苇花，在风中起舞，它们让我的目光，在上面逗留了又逗留。

一妇人趴在沟边锄草，身子都快躬到地上去了。她头上花头巾的一角被风撩起，露出里面灰白的发来，——竟是那么地老！记忆里，她辫一根乌黑的长辫子，健壮结实，挑着担子也能健步如飞。

我站定看她，她也看我，许久，她哎呀一声，这不是梅吗？

是我，姨。这么一答，我觉得鼻子有点酸。不知为何。

我看着她笑，在心里找着话。说点什么好呢？我没找着。她大概也找不着要说的话，就从地里拔一棵白萝卜给我，说，没有空心呢。我接过，摘了路边的蚕豆叶子擦擦，"咔嚓"咬了两口，——儿时，我都是这么干的。我们一村的人，也都是这么干的。

她呵呵笑起来，很开心的样子。

你真孝顺啊，她终于又说一句。

我赧颜，又有些伤感。我听说过她的两个儿子，一个远去云南，做了人家的上门女婿。一个常年在外打工，极少回家。地里的荠菜花开得星星点点，奔放灿烂是春天的事。麦苗儿却绿滴滴的，让人忍不住想揪了一把吃。

望见麦田中的坟。这儿一座，那儿一座，那里住着我熟悉的村人。我祖父祖母的坟也在。隔着不远的距离，我在心里向他们致敬。

有他们在，村庄便永远在。

江苏 · 无锡

读书滋味长

【中考真题】

有的书字字珠玑，让人品味语言文字的魅力；有的书含蓄隽永，让人感受情感的丰富多彩；有的书振聋发聩，让人获得信心和力量，……读书，如饮醇酒，如品香茗，浓淡自得，滋味悠长。一本书，泛着悠悠墨香，滋养人的心灵，提升人的品位。与书相伴，一路成长。

请以“读书滋味长”为题写一篇文章。可写自己的读书经历与体验或所思所感。

要求：（1）立意自定；（2）文体自选，诗歌除外；（3）文章中不得出现校名、人名，如必须出现，一律用“×××”代替；（4）不少于600字。

【思路碎片】

这道作文题不算新鲜，好多地方都拿来做过考题。比如《书香做伴》，比如《阅读，让我__________》等，虽题目不太一样，但内涵都差不多，就是谈读书。

这样的题目，最好操作的，自然是记叙文。可就自己某方面的阅读体验，讲个自己读书的小故事。如果你想写别人的读书故事，也未尝不可，只要你能写出某种“滋味”就成。初中生驾驭文字的能力还很有限，我建议还是就某本书的影响来写，口子开得小一些，更容易扣题。比如针对《红楼梦》这本书，读上百遍也不厌倦，常读常新，里面处处是宝藏，处处是风光，那滋味自然是绵长又绵长的。

写成议论文也是可以的。最好是夹叙夹议式的，因为有叙述在里面，文字会显得更生动更饱满更有说服力。

写成散文也不错。但要确保自己有足够多的素材来充填内容，这些素材好多借助于平时阅读的积累。这个阅读，既有对书本的阅读，也有对生活的阅读。

另外，在文章中适当引用一些古诗词，既补充了单薄的叙述，又可以提升文章的品位，使文章变得更耐读更有厚度。

【梅子下水文】

读书滋味长

R，你又跑来问我，为什么要读书。让我不得不正式思考一回，是啊，我们为什么要读书呢？

现成的答案一抓一大把：读书会使我们变得有气质，读书是最好的化妆品，读书会让我们遇见更好的自己，读书改变我们的命运，读书会让我们站得更高看得更远，读书会使我们的人生变得有厚度，书籍是人类进步的阶梯……

没错，这些都是真理。然你并不满意这些“标准答案”，你追着我问，为什么你身边那些“成功人士”，都是不读书的，或读书很少的人呢？他们搞房地产，他们开公司，他们说话一点儿艺术也没有，粗俗不堪，却拥有过亿资产。

我瞟一眼窗外天空，今天又有霾了，蓝天白云被挡在了霾之外。我突然产生联想，我们居住的环境一天比一天糟糕，与你说的这些“成功人士”，怕是脱不了干系呢。越是不读书，或读书甚少的人，越容易利欲熏心，在既得利益跟前，他们很轻易就把做人最起码的良心给丢了，平去良田造工厂，毁去绿化盖高楼。于是乎，到处都是大烟囱，到处都是高楼大厦，想呼吸一口洁净的空气也难。

R，我们为什么要读书？是为了做个讲道义有良心的人啊。做事有分寸，行为有光明，善良、温柔、怜悯，不以一己之利去伤害他人，伤害这个世界。

我还漫想到一些别的。远古时期，尚没有文字，据说那时的人们是靠结绳记事的。这有点类似于我们小时走亲戚，路远，怕记不住归程，就在途经的一些树上，或是房屋的墙上，做上记号。用刀刻下痕迹，或用茅草在其上挽个结，或在树枝上绑上一朵野花。归时，顺着这些记号，也就能一路到家了。

然后有了岩画，然后有了甲骨文。甲骨文是在龟壳或兽骨上刻字，每完成一笔一划，都极费时费力。“写”完一整个龟壳或兽骨，算得上一项很大的工程了。然先民们还是乐此不疲地“写”着，是因为，需要。他们需要用它记载王室占卜之事，需要用它表情达意。

我猜想，最初文字的诞生，怕是哪个多情人，为了表达心中如浪花一般的情感，而随手刻下的印迹。他坐在草地上，或一块石头上，捡着一块兽骨了，就开始一笔一划，刻下他心里的欢喜。他要送给那一个，这是示爱的，是最早的情书。他知道，说得再动听的话，也终如一阵风吹过，很快就会没了影了。然刻下来的“字”，却永远风化不掉，什么时候抚上去，都自有它的温度。

R，我们为什么要读书？是为了更好地表情达意啊，更好地与这个世界沟通。千百年来，多少繁华追逐终如梦去，唯文字屹立不倒。“彼采艾兮，一日不见，如三岁兮”，这田间地头的歌谣，被记录下来，打动了多少人啊。当我们看到桂花开了，很容易就会念起“一枝淡贮书窗下，人与花心各自香”。当我们看到梅花开了，我们又会想到“疏影横斜水清浅，暗香浮动月黄昏”，或“寻常一样窗前月，才有梅花便不同”，我们沉浸在那种意境里，玲珑剔透，精神愉悦。

R，我们为什么要读书？是为了使我们精神愉悦啊。精神的愉悦，远超过别的。

六月，我去了新疆一趟，在夏特古道，住在上了年纪的木房子里。那里远离喧闹，人烟稀少，我踩着泥泞，一步一步，往雪山走去，想着那远古僧人的脚步，是怎样一步一步丈量过去。又马蹄声声，花开过一夏又一夏，雪落过一季又一季。伸手之处，似乎都能触摸到远古气息，一颗心，早就被感动得不知要往哪儿搁了。我身边几个人只走了一点点路，已抱怨不已，说，这地方有什么看头？路难走死了，还冷，就开了几朵破花。他们跟导游吵嚷着，要住到城里面去。我当时真替他们难为情了，他们看似活得很体面，珠光宝气，脑子却空空如野。心想必也是空空如野的吧，仅剩一副空皮囊而已。

R，我们为什么要读书？是为了懂欣赏，懂敬重。是为了使自己心灵丰盈。是为了能在那些小草和细花之中，发现生命存在和延续之美。

古人云：一日不读书，胸臆无佳想。一月不读书，耳目失精爽。唯有读书，才能让我们耳聪目明，才能使我们短暂的一生，活出几生几世的滋味来。

江苏 · 扬州

苦趣

【中考真题】

生活中的趣味，有些是从苦中得来的。比如，苦涩的“柳叶儿”为作者宋学孟的童年抹上了一丝亮色，艰苦的历险将汤姆·索亚带进了神秘新世界，风雪苦读让宋濂体验到求知的兴味……

请结合自己在生活中的体验、感悟，以“苦趣”为题，写一篇文章。

要求：

（1）自选文体（诗歌除外），不少于 600 字。

（2）感情真挚，不得抄袭。

（3）文中不得出现真实的人名、校名、地名。

（4）书写 3 分，请认真书写。

【思路碎片】

文章的主旨，在题目中就已经充分给出了，重在“趣”上。这个“趣”，可以理解为情趣、趣味、乐趣、妙趣等等。其实说的就是一种人生态度，是能在曲折辛苦中，活出趣味来。实际上就是一种苦中作乐的精神。

我写了黄山的一个挑夫黄师傅。多年前，我到黄山，挑夫就给我留下了深刻的印象。今年再次到黄山，一个个挑夫艰辛卑微的身影，成了我无法忽视的。站在一定的距离外，我是带着十二万分的同情看他们的，我用自己的心，去揣测着他们的不幸。

事实上，并非这样。当黄师傅指着那些将开未开的黄山杜鹃，告诉我，这个时候，这种花最好看了。我的心，就那么被震动了，又是欣喜的。我欣喜于他在奔波负重中，没有削减掉对美的感知与注视。

从黄山回来后，我不时地会想起黄师傅。我为自己曾赋予他的同情感到惭愧。日日走在大山里，他是很苦很累，但也是幸福的。因有那幸福在，再多的苦，他也甘之如饴。

我动笔写了他。再通过对黄师傅外貌及一系列的动作、语言描写，黄师傅从事挑夫的艰辛和不舍，便跃然纸上。又几笔轻描写出黄山的美景，还着重写了黄山最具代表性的花卉——黄山杜鹃，都是为了烘托人物——黄师傅，使他的形象又立体又丰满。他就是黄山的一部分，是美景中的美。

【梅子下水文】

苦趣

我称他黄师傅。

黄师傅是个挑夫，每天要上下黄山两趟，上午一趟，下午一趟。一趟承重二三百斤，挑着山上的所需：食物、水、蔬菜瓜果……山上的垃圾，也是靠他们一担一担挑下山的。

年轻时，我一担能挑上三四百斤呢，现在年纪大了，挑少了，黄师傅呵呵笑着，笑露出两排不算洁白齐整的牙。他站着，人半倚着担子。担子却不曾歇下，而是用根木棍子撑着。我仔细观察了一下，发现每个挑夫的手里，都有这样的一根木棍子。走路时，可当拐杖使。歇息时，可作靠依和支撑。

云雾一团一团袭过来，刚刚还是大晴天，转眼间飘起小雨。山峦隐约。碧树和红花，像在云雾中穿行，它们急急的，要奔着哪里去呢？瑶台仙境，不过这般吧。我和那人看呆了。

黄师傅看着我们发笑，他说，在这山上，什么时候看都是好看的，有太阳时看云，没太阳时看雾。四五月的天，看花。九十月的天，看叶。到冬天了，看雪。他的声音，沾着云雾的味道，和着草木的气息，令我不由得多看了他两眼。他约莫五十来岁，个子不高，瘦。眼睛不大，却有神得很，亮亮的，似夜露。

那会儿，我和那人正停在半山腰。下山路走得我们腿脚发软，实在走不动了，后悔着没坐缆车下山，却意外遇见一蓬一蓬的黄山杜鹃，下山之辛苦便变得无足轻重了。我盯着石凳后边的一棵黄山杜鹃看，花朵儿累累缀着，一枝花梗上，总有八九朵不等，呈欲放未放的姿态，好颜色呼之欲出。恰似女子犹抱琵琶半遮面，有娇羞之美。

黄师傅担着担子，路过我们身边。我们起初并未留意他，继续赏我们的花。他突然停下，递过来一句，这杜鹃花，这个时候最好看了。我惊喜他这么说，遂扭头看向他，问道，为什么呢？

你看呀，红颜色还都裹着嘛，饱饱的嘛，全开开来，颜色就淡了。

他的话让我听着高兴。花半开为最美，是我一直偏爱着的。

我和他很热乎地聊起来。知他从事挑夫这行当，已有二十八年之久。

扁担初次挨到肩上，挑着才走了一小段路，肩上那火辣辣的滋味呀，就像用烙铁在烙呐。

后来习惯了，也就好了。现在，我肩上的皮揭下来，都能直接做盔甲了。呵呵。

他说得很轻松，我听得却不轻松。我问，我们单人走着都吃力，你还要担着这么重的担子，每天爬上爬下，又苦又累，就没想过改行做其他的事么？

想啊，想过，黄师傅的眼光落到他的担子上，久久的，没有挪开。那目光，有点类似于农民抚向他的庄稼，牧人抚向他的羊。

中途他的确改过行，他走家串户去收过荒货，也做过一段日子的泥瓦匠。后来，他还开过一家门市店，卖些日常所用，生意不错。但每当看到倚在墙角的扁担，他的心，便坐不住了，他听到大山在呼唤。

他就又进了山。每日里，在这大山里上上下下，他熟悉路边的每一块石头，每一棵树，每一种花。山里的小松鼠，和他也成了老熟人。他有时坐在石凳上吃干粮，就有小松鼠跳出来，嬉戏在他身旁。做挑夫虽苦，却自有它的妙趣，他割舍不了。

这大山多好啊，他这么感叹。复挑起他的担子，跟我们招呼一声，下山去了。他的身影，很快没进一团云雾里，和大山融为一体。

广西 · 南宁

日成一事

【中考真题】

日成一事，事不在大，把身边的小事做好，不在乎轰轰烈烈，而在乎精心行之，踏实而为，有始有终。阅读一本书，就读懂这本书的要义，去粗取精；结交一个朋友，就沐浴品质的芬芳，扬长避短；游览一处风景，就谛听自然的呼唤，心随景动；经历一次挫折，就展露一种胸怀，坦然面对……

请以“日成一事”为题，写一篇作文。

要求：(1) 除诗歌外，文体不限，600 字以上；

(2) 文中不能出现真实的人名、校名和地名。

【思路碎片】

不积跬步，无以至千里；不积小流，无以成江海。叉集腋成裘，积少成多，我们普通的人生，要的就是这样的生活态度。凡做事，不惧细小琐碎，每天都积极地去完成，每天进步一点点，只有这样，才能成就更好的人生。

这些小事都是些什么呢？题目上也给了足够多的提示，比如阅读一本书，比如结交一个朋友，比如游览一处风景，比如经历一次挫折。我们还可以在后面续上无数的比如，比如弹琴，比如画画，比如书法，比如运动，比如写作……

这样的文章不难写，只要找准角度，小口切入，无须宏大的铺排，你只要老老实实写出日常。这日常，可以是你亲身体验到的。哪怕是背诵诗词，每天记一点点，那么，一年下来，背诵的内容也是可观的。也可以写你看到的、听到的、感受到的故事。精于茶道的人，通过鼻子闻闻，就知道是哪座山上哪种老树上的茶叶。他这种功夫不是一天两天练成的，而是天长日久。各行各业，都有这样的人才，他们的成功，并非有什么特别的奥妙和秘诀，只是因为持之以恒，日成一事，量变引起质变。

建议这类文章，从小处写起。生活中，绝大多数人都很寻常和平凡，做不来惊天动地的大事，但他们从未放弃过努力，心中有爱，有暖，有坚守，有担当。你的笔，不妨落到这样的人物身上，那么，你写出的文字，才会拥有生命的质地，和它应有的温度。

【梅子下水文】

日成一事

我把一只吃剩的红薯，埋到花盆里。花盆里原先长着仙客来，满满一盆红花，很是繁茂了一阵子。花萎了，花盆便空落下来。现在，一只红薯住进去了。

红薯很是欢快地在里面生长起来。它每天很认真地爆出几枚新芽，像个勤劳的农夫，管着他的一亩二分地，兢兢业业。紫色的茎，渐渐成形。描着紫色血管的小叶片，亦渐渐成形。我每日里去看它，都看到它的变化：茎长高了，长粗了；叶片儿伸展开来，变圆润了。——生命的生长，原是这样一点一点积攒着的，每天生长一点儿，每天都不懈怠。终有一天，它将捧出一盆的青绿。

世上之事，哪一样不是如此积累，方才拥有蓊郁葱茏？

认识一个老书法家，八十多岁了，样子看上去，一点也不像八十多岁的老人。他家住六楼，六层的楼梯，他能一口气爬上去，不带气喘的。他每天这么锻炼着，上上下下，来来回回十几趟。他对我伸伸胳膊，晃一晃，孩童般地淘气着，说，我这劲道可大着呢，你跟我掰手腕，可不一定掰得过我哟。说话的声音中气十足，洪亮得像镶着金属片。眼神儿亦没有丝毫混浊，而是亮亮的，精神饱满得让一些年轻人也自愧弗如。

我是在一个文艺作品颁奖会上遇到他的。他的书法作品，获得唯一一个特等奖。他书写的是王勃的绝句“落霞与孤鹜齐飞，秋水共长天一色”，尺幅之间，笔墨有着喷涌之势，遒劲力道，又疏朗俊逸，给人山长水阔之感。即便我这个外行看着，也觉得好。以为他定是从小就练这个的。谁知他哈哈一笑，掰着手指头让我猜。我猜了几次，全是错的。他狡黠地冲我眨眨眼睛，说，我是七十岁以后，才重做小学生的。

七十岁之前，他的人生都是一笔糊涂账，随波逐流，得过且过，平平静静，无有起落。跨过七十岁的门槛，他恍然而惊，不行啊，我这样子活着，什么也留不下，到死也闭不上眼睛啊。又因老来无所事事，时光变得空空荡荡。他不想再这样下去，他怕自己会患上老年痴呆症。他要找点事做，于是，他想到练字。

起初，听说他要练字，儿女们只当是笑话，劝他，您都七老八十的人了，瞎折腾什么呢，您就负责吃吃喝喝玩玩，不是很好吗？他听了，越发顶真起来，他可不想被他们当作“老废物”。

从开始决定练字，到字在纸上成型，他用了两年的时间。那两年里，他每天必做的一件事，就是写满一碗水。他一横一竖一点一撇一捺地慢慢练着，用笔蘸水，在水写布上写。一碗水写完了，这一天对他来说，才算完满。

我是从一碗水起步的，他哈哈笑起来。现在，他每天必临摹一百个大字。“日成一事，厚积薄发。”老人家欣然挥毫，在我递给他的宣纸上，写下了这八个字赠我。

江苏 · 盐城

从未走远

【中考真题】

有的人，无论远近，仿佛总在身边；有些事，不管大小，始终浮现眼前；有份情，真挚浓烈，时时温暖我们的心田；有种理，意味深长，常常萦绕我们的脑畔……他们（它们）从未走远。

请以“从未走远”为题，写一篇文章。

要求：（1）立意自定；

（2）除诗歌外，文体不限；

（3）不少于 600 字；

（4）文中不得出现真实的人名、校名、地名。

【思路碎片】

这个题目是很抒情的。虽只有极少的四个字，可里面有深情有厚意。以为忘记掉的事情，一朝想起，恰如在寂寞空山里弹琴，声声都响彻心扉。从未走远，从未走远。故写这类文章，感情要浓些，再浓些，字里行间流淌的，都是念念和恋恋。

那么，到底是哪些经历，让我们念念不忘？思绪顺着这条路走下去，很快能捡拾起不少来——对一个人，念念不忘；对一桩事，念念不忘；对一种气息，念念不忘；对一个眼神，念念不忘；对一双温暖的手，念念不忘；对姥姥做的蛋炒饭，念念不忘；对一份友谊，念念不忘；对某个人的教诲，念念不忘；对曾遇到的美景，念念不忘；对一只猫，念念不忘；对一只鸟，念念不忘；对一盆花，念念不忘……

太多了，自然的，社会的，人生的，你所经历的，总有一些在你心中留下难以磨灭的影像。把它找出来，写下它就是了。

然这个写作，是要饱蘸着你的真情的。唯真情才能打动人。你也要注重文章的布局，开头要简洁，段落间的衔接要自然。要灵活运用各种标点符号，不要一逗到底。句子宜短，这样才能让文字带有节奏感，变得生动流畅。

【梅子下水文】

从未走远

我跟我爸说，我打算去从前的小学看一看。那会儿，我和我爸，正坐在老家的屋门前聊天。不远处，丝瓜花趴在一垛草堆上窃笑，南瓜藤攀爬到一棵桐树上。

我爸听着一愣，笑了，你怎么突然想去看这个的？那地方，早就没啦。

我明白我爸说的“没啦”是什么意思。离家数十载，这样的“没啦”，在我的乡村，时时上演着，——别离，乃至消失，人渐稀少，物已全非，都不是昔日模样了。

但我还是决定前去。

记忆里，从家到学校，是要经过两条河的。两座褐色木桥，架在其上。河岸边，人家的房，一幢挨着一幢，都是茅草屋。岸边长芦苇、垂柳，和各色各样的野草野花。也有一两棵野桃树，夹杂在其间。春天，野桃树撑一树粉粉的花，惹得蜂飞蝶舞。我们上学放学，总是一路走，一路玩，捉捉蝴蝶，摘摘野花，日影儿长着呢。

有时会半路遇雨。不怕。随便哪家的屋檐，都可以避雨。那家人会问，你是谁家的伢呀？我答，志煜家的。那家人就笑了，哦，原来是四队志煜家的二丫头呀。随手递过一只水萝卜来，给我吃。——乡里乡亲的，真没一个不熟悉的。

学校没有围墙，从任何一个方向，都可以畅通无阻地进入。两排青砖红瓦房，一前一后，坐北朝南，是当时村子里最气派的建筑了。周围是村庄和农田。人家养的鸡，常大模大样的，到学校的操场上来散步。猪也跟着来，羊也跟着来。猫和狗，那就更不用说了，它们时不时地，会溜进教室里听课。听得不耐烦了，尾巴一甩，走啦。

一二年级时，老师教识字的方式很有趣。上识字课，一般是不大待在教室里的。老师会领着我们去隔壁人家，拿起挂在墙上的镰刀，教我们读写“镰刀”。拿起靠在墙角落的锄头，教我们读写“锄头”。一转身，望见大门口搁着的扁担，又教我们读写“扁担”。也常把我们带去地里，读写麦子、玉米、棉花、水稻、黄豆、向日葵，如此等等。我们最初认识的字，是先从农具和庄稼开始的。

教我们的老师，也都是本村人。放学了，他们就一地道的农民。田间地头，常常会遇见他们，担着一担的粪，裤腿卷得高高的，与旁的村人，并无两样。但因是老师，我们还是有些惧怕的，遇见了，会远远躲开去。

我们的同学，也都是打小就一起玩着的，熟悉得很。也有兄弟姐妹在一个班级读书的，也有叔叔和侄儿在一个班级读书的。那叔叔竟比侄儿还小，被侄儿欺负了，躺在地上大哭。老师见着了，训他，没羞，你还是个做叔叔的呢！

教室门前，长一棵苦楝树。春天有紫粉的小碎花，飘落一地。花落后，结累累一树果实。果实小，圆溜溜的，味苦，麻雀们饿极了也不去啄食。男孩子的口袋里却装满它，用弹弓射着玩，互相追逐着打闹。果子打在人身上挺疼的，由此常引发吵架，甚至打架事件。吵完了打完了，他们继续捡这些小果子，一起用弹弓射着玩。——年少的所谓恨，是不过夜的。

我顺着记忆，走到那里。正如我爸所言，小学的一丁点影子，都没有了。那里，已变成一片庄稼地。地里有劳作的农人，远远问我，你是来寻小学的吧？

我问，你怎知？

哦，常有人来寻的。前几天，还有夫妻两个，带了孩子来，一家三口，站在这田边上拍了几张照片呢。

是吗？我微笑。心里漫上一种说不清的情绪。有时的沧海桑田，也不过是几十年的事情，但终究，还是得到安慰。因为，记忆的一角，会永远留着它们的位置，让灵魂的回归，有迹可寻。

湖南 · 娄底

乐在其中

【中考真题】

请以“乐在其中”为题，写一篇不少于 600 字的记叙文。

【思路碎片】

这是极容易上手的一道题。

乐在什么中？思绪一旦打开，那简直像是放马纵横了。乐在读书中，乐在听曲中，乐在自然中，乐在弹琴中，乐在美食中，乐在做手工中，乐在步行中，乐在相守中……生活有多少种姿态，我们就可以有多少种沉迷和欢乐。

然这类文章要写活泛了，写生动了，写得叫人跟着你沦陷其中，乐而忘返，就不大容易了。

这要看你的取材，能不能调动读者的兴趣。还要看你对细节的描写，灵活不灵活，细致不细致。

素材的取舍，决定了你文字的走向。找一个最切合自己的入口，走进去。你最有深切体会的事物，你才能更好地掌控它、描绘它。

细节的描写，离不开一些修辞手法的运用，适当的比喻、夸张和拟人，更能细致地刻画细节，给人留下深刻印象。

题中的“乐”字是个题眼，有以此为乐之意。这个字本身就带着童趣，里面有语言，有动作，有神态，有举止。如果你能细细地描画这一些，并穿插些自我感受，行文风格上再自如一些，就非常好了。

【梅子下水文】

乐在其中

一

到江南，在一个叫花桥的小镇住下来。

站21层楼的窗口，视线落下，便可观满眼的青翠葱茏。侧耳，也可听鸟鸣声声。这幢楼的拐角处，有两丛木槿，开紫粉的花。楼前花坛里，有几棵铁树，开金黄的花。还有黄秋英，开艳黄的花。还有紫娇花，开紫色的花。还有波斯菊，开五颜六色的花。此外，有橘子树，有紫薇、玉兰树、樟树、枫树等树木。对我来说，有这些在，够了。

每日散步的路径都有所不同，昨日向东走的，今日就向西走。这方小天地我是初相见，每一份遇见，也便带着很大的意外和惊喜了。遇到我不认识的花或草，遇到猫或狗，遇到清澈的小河和小池塘，我都怀着兴奋，珍重地打着招呼。

林中空地，一个穿红裙的小女孩快乐地惊叫着，蹲下小身子，指着草地上爬着的一只小虫子。这是她发现的，她为这个伟大发现而激动不已。两个小男孩应声跑过去，三个小脑袋凑到一起了，叽叽喳喳对着地上的虫子指指点点。

我也很想凑过去，与他们一同，观看地上那只爬动的虫子。但我瞬即打消了这个念头，那样做，肯定会打搅到他们。还是这样最好，他们看虫子，我看他们，都看得兴趣盎然的。

二

花桥周边多古镇。周庄看完了，去锦溪。锦溪看完了，去千灯。千灯看完了，准备去南翔。西塘、甪直、朱家角、同里、沙溪等古镇也都离得不远，慢慢走，慢慢看吧。

不带任何目的，不带任何梦想，只是单纯地去走走，去看看。这样的行走，真的轻松愉悦，我乐在其中。

有时我会停在一座桥上。偶尔有船只，摇进一蓬碧绿里。那蓬绿，是岸上的树，弯到河面上了。

有时我会停在河边，望对岸的白墙黛瓦。白墙的白水泥斑驳得很了，露出里面的红砖。绿苔密布墙围。屋顶上有野草在谈天说地。我知道，这房子应该有很多很多年了。但我并不想深究里面的故事，一点也不想。只是那样看着，像欣赏一幅画般地看着，就很好了。

我也会痴痴对着弯到水边的一丛红蓼看上半天。它弯向水面的样子，很像浣衣的女子哎。

青石板的巷道走一走吧，两边的店铺有的开着，有的关着，因疫情的缘故，萧条得很了。但总有几家是热气腾腾的，芡实糕、桂花糕、红豆糕、芝麻糕，香喷喷的糕啊。江南人真是做糕点的能手呢。

我买几只糕点尝尝。不管世事怎么变幻如何艰难，只要还有甜点可吃，日子也就没那么苦了。等一等，熬一熬，好运会来的。

山西

牛皮纸包着的月饼

【中考真题】

春节拜新年，端午赛龙舟，中秋赏明月……一个个传统节日，荡漾着两千年不曾间断的精神涟漪，连系着泱泱华夏的繁衍生息，演绎着中华民族的文明。

请任选一个传统节日，自拟题目，结合生活经历，写一篇不少于600字的作文。

注意事项：1. 作文题目中必须包含我国一个民族传统节日，如春节、元宵、清明、端午、中秋、腊八等等；2. 叙事感情真挚、朴实、自然；3. 文体不限（诗歌除外）；4. 避开真实的人名、校名和地名；5. 书写4分。

【思路碎片】

孩子们拿到这样的题，该是欢欣鼓舞的吧？平时没少练过写节日的文章，这个时候，审题都不用，随便选出一个节日来写就是。

如果你真以为这样的题好写，那就错了。正因为它太寻常见了，才更难下手呢。因为，十个孩子中，有九个孩子一下笔就会写成“张灯结彩，欢乐的海洋”之类的。他们已经形成固定的思维，写节日不欢乐不成节日。而欢乐，是要张灯结彩的。

他们错了吗？没错。我国的传统节日确实少有不张灯结彩的。可是，都这么写，结果会是什么样的？所有人的节日都是一副模样，没什么区别。所有的欢乐，都是雷同的，像摆出一堆的塑料花，看似花团锦簇得很，却没有一点点鲜活的气息，假而生硬。看了真叫人无语。

没有真情，没有真意，写出来的东西浮于表面，自然就很难感人。每个人的生活体验是不可复制的，是各有特色的。这里要写的，是作为个体的你，对待传统节日的态度，要写出的，是属于你的特有的故事。照搬别人的文字，是万万不可的。依靠所谓的共同经验，复制出一模一样的文字来，也是万万不可的。还是多从你的所见所遇所思所想入手，写出带有你体温的文字来，这是写好这类文章的关键。

【梅子下水文】

牛皮纸包着的月饼

朋友去北京，给我带回两盒包装精美的月饼。红漆木盒装着，华丽、雍容。揭开盒盖，不多的几只月饼，躺在质地柔软的丝绒上，是皇家女儿，金枝玉叶着。

洗净了手，和家人，带着虔诚的心，切了一只月饼来尝。为此，我还特地拿出宝贝样收藏着的印花水晶盘，把月饼摆成菊的模样。一家人欢欢喜喜拿了吃，鱼翅做的馅，味道怪异，家人都只吃了一口，就放下了。我坚持吃两块，但终究，也受不了那份怪异。余下的，狠狠心，丢进垃圾桶。丢的时候，我祖母似地念叨，作孽啊作孽啊。

便格外怀念起小时的月饼来。是些小作坊做的，用桂花或松仁做馅，外面的面粉，层层起酥，洇着金黄的油。看着就让人垂涎欲滴。

在中秋前一个星期，村部的唯一一家小商店，就把月饼买回来了。散装的，搁在一个大缸里。我们放学时从商店门口过，可以闻得见空气里的月饼味，香甜香甜的，很浓。探头去看，总看到面皮白净的店主，在用牛皮纸包装月饼，五个一包，十个一包。他动作舒缓，在那时的我们眼里，那动作无疑是美的，充满甜蜜的味道。我们的心，开始生了翅膀，朝着一个日子飞翔。

终于等到中秋这一天了。起早祖父就答应了的，晚上，每人可以分到一只月饼。那一天，我们再没了心思做其他的事，只盼着月亮快快升起来。等月亮真的升起来了，我们不赏月，眼睛都聚到门口的小路上。祖父出现了，手里提着用牛皮纸包着的月饼，隔了老远，我们都能闻到月饼的味道。兄妹几个，跑过去迎接，在他身边跳。祖父说，小店里挤满了人，好不容易才买到月饼。语气里有得意，仿佛他做了一件很了不得的事。

煤油灯下，祖父小心地揭开一层一层的牛皮纸，我们得到了向往中的月饼，用小手托着，日子幸福得能滴出蜜来。母亲在一边教育我们，好东西要留着慢慢吃。于是我们把月饼分成一点一点的碎屑，舔着吃。总能把一只月饼吃到第二天，甚至第三天。

大人们也一人一只月饼，但他们多半舍不得吃，藏着，只等我们嘴馋了时，分了去吃。但生活的琐碎和忙碌，会让他们忘掉藏月饼这件事。我祖母有一次藏了一只月饼，等她记起时，月饼上面已长了很长的毛了，不得不扔掉，一家人为此痛心了好多天。

祖母也曾把月饼分送给邻家两个孩子，那两个孩子跟着寡母过活，自是没钱买月饼。中秋时，别人家欢歌笑语，他们家却冷冷清清的。祖母说，可怜啊。遂踮着小脚，给他们送了月饼去。回家来安慰我们，让别人吃掉，比自己吃掉好。那时年幼，不明白这句话，现在想想，祖母说的是帮人的快乐啊。如今那两个孩子早已长大，都出息了，一个在南京，一个在杭州。每年回来，都会去看看我年迈的祖母，他们说，忘不了小时用牛皮纸包着的月饼。

一个年长的朋友，在电话里跟我叹，这世道什么都变了，连月饼也没从前的好吃了。

笑。心下戚戚焉，是时光的流转。从前的好，那么地根深蒂固，没有日子似锦缎，却有牛皮纸包着的月饼，让我们期盼。这算得上是一种幸运罢。

陕西

我的老师

【中考真题】

按要求作文。

题目：我的老师

要求：①文体自选；②不少于 600 字；③不要套作，不得抄袭；④不得透露真实的地名、校名、人名等相关信息。

【特别提示】

①文中如需涉及所在区（县）名，一律用“秦岭区（县）代替”；

②文中如需涉及学校名称，一律用“陕西三秦中学”代替；

③文中如需涉及老师姓名，一律用“姓＋老师”代替，如“王老师”。

【思路碎片】

这个题目看着很老套，是一种被写滥了的题材。可正是这样的“老套”，才更能检测出孩子们真正的写作水平。拣最熟悉的事物来写，拼的是行文的风格，和细致入微的描写，于细微处见真情，找到打动别人的点，才能在众多的文章中，脱颖而出。

当然，我的老师也不一定要写学校里的老师。《论语》里讲，三人行，必有我师焉。这样说来，能成为老师的，实在太多。可能是一个陌生的老人，偶然教导了我们一件事情，成了我们的一日之师。可能是一个小小孩，他的童真的行为影响了我们，成为我们某方面的老师。甚至有因教导了我们一字一言而成为我们的一字之师、一言之师的。

很显然，这些都侧重于人物描写。写人物最关键的是，抓住人物的个性，不能千人用同一个面孔。个性在哪里？个性就在人物的言谈举止和音容相貌中。但切不可故意拔高，非得把人物往高大无私不食人间烟火上写不可，那样写，一点不可爱。我们还是让他落到尘埃，随和一点，实际一点，亲切一点，如果能做到这样，你就能把人物写活了。

我的老师还可以往更广阔里去。你会从一本书中得到教诲，你会向一棵树一朵花学习，那么，它们也都能称作师了。

【梅子下水文】

我的老师

她喜欢把我们称作“小鸭子”，而她，则是个牧鸭人。

我们是她的学生，55个人，总是把一间教室坐得满满当当。

上课的时候，我们齐声朗读——嘎嘎嘎的，听上去还真的像是一群小鸭，在水里面高声欢唱着，快乐地凫游。她笑眯眯地穿行于我们中间，看看这个，望望那个，目光中充满了怜爱和慈祥，真的像极了一个温暖的牧鸭人。午后的阳光，轻轻溜到教室的窗台上，跳到了我们的脸上、她的脸上，我们和她，都在阳光下发着光。

她说我们翻动书页的声音，就像小鸭在拨动流水，总让她想起“春江水暖鸭先知”来。她说我们仰望向黑板的样子，就像小鸭在仰望春天。我们听得心里美美的，感觉到春天真的就在我们的仰望中来了，草钻出来了，花朵绽开了，树绿了一河两岸了。我们则在春天里蹿长着个头，跟雨后的春笋似的。再跟她站在一块儿，我们的个头，有的已高过她了。她惊喜地拍拍我们的肩，呀，我的小鸭子不知不觉就长大了呀。

她喜欢带着我们玩耍。比如，课正上得好好的呢，可是外面一长廊的紫藤花都开了呀。她停下讲课，冲我们调皮地眨眨眼，说，孩子们，我们去看紫藤花可好？我们当然求之不得，搁下书本，呼啸着冲出教室去，冲向那片花海。特像一群小鸭子回归了自然，手脚全部舒展开来，拼命地蹦啊跳啊，嘎嘎嘎地欢叫着。一回头，看见她站在一丛花下，微笑地看着我们的她，脸上荡着无数紫藤花的影子，温柔和美，像极了画中的人。那一刻，我们都在心里说，为了她，我们也要好好读书。

课后活动课，我们有时上着上着，乐不思归。又一堂课上课铃声已响过，我们还在操场上抢最后一个球。等气喘吁吁奔到教室门口，只见她站在那儿，绷住一张脸，冲我们举起她的手，想敲打我们的头。我们不安地看着她，她也看着我们，看着看着，就“哧”的一声笑了，举起的手，轻轻放下，说声，小鸭子们，下不为例。我们脆脆地应一声，好的，老师。

她少有疾言厉色。她说尺有所短，寸有所长，你们每个孩子，都有自己的闪光点，尽心尽力做好自己，踏踏实实走好每一步，善良、真诚、努力、快乐，不辜负每个日子，就是最大的成功。

她已经四五十岁了，可看上去，还像一个天真的孩子，圆脸，大眼睛，有着一头浓密的长长的黑发，还有着一团明媚和暖的笑，和一颗洁净明亮的心。我们都很爱她，她永远不会老。

江苏

一只猫的智慧

【高考真题】

根据以下材料，选取角度，自拟题目，写一篇不少于800字的文章；文体不限，诗歌除外。

智慧是一种经验，一种能力，一种境界……

和大自然一样，智慧也有其自身的景象。

【思路碎片】

这题出得真心不错，极具开放性，给了考生足够大的空间，让他们的思维可以任意驰骋，上天入地，皆有可能，使他们都能做到有话可说，有情可抒。但要想写得出彩，写得不落俗套，写出让人信服让人触动颇深的“智慧”来，还是颇需要点写作者的“智慧”的。

题目给出的线索明朗清晰，着重点就两个字：“智慧”。出题者很慈悲，他们考虑到考生有可能会走进死胡同，在智慧两个字上瞎琢磨，以为智慧是非常人能及的高度，他们又体贴地给出提示：智慧是一种经验，一种能力，一种境界，“和大自然一样，智慧也有其自身的景象”——智慧，它长着一张普通的可亲近的脸。

世上芸芸众生，谁不身怀智慧？否则，将难以在这世上立足。在大自然残酷的优胜劣汰的游戏规则中，斗智斗勇，经历无数次失败的经验和教训，才获得生存下来的机会。

人类是万物之灵长，人类的大脑富有创造性，是最具智慧的。普通人有普通人的智慧，杰出者有杰出者的智慧，成人有成人的智慧，小孩子也有小孩子的智慧。人类利用自身的智慧，把许多不可能变成可能，使探求未知的脚步，从未停止过，一直向上、向上、向上。人类的智慧在另一个层面上所体现出的，是生存的本领，是为了好好活下去，守护好地球的家园，使它变得更美好。茫茫人海，你随便捞出一个来写，都有智慧的火花闪现。

但中学生的写作，往往缺少真实感，他们不喜欢从现实下手，对身边拥有的事物，熟视无睹，视而不见。他们喜欢从书本上背诵下来的事例中去找写作素材，一落笔就是历史上某个伟大的人物如何如何。这种写作不叫写作，叫抄书。拾人牙慧，挺没意思的。

除了人类，还有许多的生命值得我们去关注，比如一棵草、一棵树、一朵花、一只虫子、一只鸟、一条鱼、一只羊、一条狗，它们哪一个不是有着自己的智慧？哪一个不是靠着点滴智慧，才得以生存下来？大千世界，实在浩渺，充满无限智慧的神奇，只有做到彼此尊重和爱惜，才有地球的平衡和发展。

我想到我养过的一只叫朵朵的猫，它是我见过的最聪明最有智慧的一只猫了。我一气呵成写下来。我的写作经验告诉我，从熟悉的事物入手，才是打开写作之门的钥匙。

【梅子下水文】

一只猫的智慧

朵朵是我捡回的一只猫。

许是有着流浪的经历，它很少有安分的时候。把它留在屋子里，它是不大待得住的，除非它饿了，跑回来讨吃的。

好在我有自己的院落，大门整天洞开着，很方便朵朵的自由出入。院落外面，是一大块空地。空地上，东家种点瓜，西家种点菜，还有人在里面长花。花是海棠，一年里，海棠开花的时候，红艳艳的，浮霞一般。

朵朵很喜欢这块地，它把它当乐园。它在里面打滚。它在里面奔跑。它跟花捉迷藏。它跟草捉迷藏。它也逗着一些小虫子玩，捉起，再放。再捉，再放。一玩就是大半天。在一只猫的眼睛里，这个世界，都是好玩的吧。

我有时会站在院门口看它玩。它顺着竹竿爬，爬，一直爬到竹竿顶端，跟一茎丝瓜藤比赛着跑。它扑到海棠花上，摇落了几瓣海棠花，它抓住那几瓣海棠，愣是玩了半晌。地里一棵普通得不能再普通的一年蓬，朵朵围着它，竟也玩出百般的趣味来。风吹，一年蓬的草尖尖轻轻摆动，可把朵朵兴奋坏了。它紧张地盯着那摆动的草尖尖，埋下半截身子，蓄势待发。突然，它箭一般地射出它的身子，扑过去，跳上跳下。像骁勇的士兵，独闯沙场。真是羡慕它啊，人的心，早就失了这样的活泼天真，老道得很世故，倒是无趣得很了。

夏天，我在屋门外另加了一道纱门，挡蚊虫苍蝇。这多出的一道门，给朵朵带来极大困扰。一道门挡着，它要么进不来，要么出不去。它抗议，喵呜喵呜叫唤，使劲叫唤，以吸引楼上我的注意。我听到了，会下楼来替它开门，放它进来，或放它出去。有时我听不到它叫，或者听到了，我正忙着，就不去搭理它。它很郁闷地独坐在门前，透过纱门，盯着外面的世界。几片落叶，掉进院中来，在院子里的大理石地面上翻卷，朵朵望着很着急。这时我若开门，它准会一跃而起，弹跳出去，搂着地上的落叶打滚，头都来不及抬的。

某天，我出门散步，忘了把朵朵放出来。等我散步归来，竟看到朵朵在院门口的那片空地里，正追扑着一只小虫子，玩得不亦乐乎。我惊奇不已，屋门完好无损地关着，它是怎么出来的？

留心观察它，很快被我发现了玄机。原来，它的小脑袋里，不知什么时候已琢磨出开门的小点子。它对着关紧的纱门，退后几步，埋下半截身子，像跳高运动员一样，来一段助跑，等跑至门边，整个身子猛地一跃，两前爪向前，扑到纱门上，门就被推开了。

它跑出去，还不忘回头，得意地冲我“喵呜”一声。

这世上，所有的生命，原都各有各的生存智慧和本领。一只猫的智慧，该是轻轻盛放的一朵花，绿绿的一株草，一只飞翔的小虫子，一阵淡拂的清风，——是灵魂的自由。

2014

江西

学会等待

【中考真题】

人生旅途，难免遭遇困境，有时我们要义无反顾，勇往直前；有时我们又要沉着冷静，学会等待……请从下列两道作文题中任选一题，写一篇文章。

（1）勇往直前

（2）学会等待

要求：①文体自选（诗歌除外）；

②文中不得出现真实的人名、校名、地名；

③不少于 600 字。

【思路碎片】

看到江西的这两道题时，我的脑中回响起一首歌：阳光总在风雨后，乌云上有晴空，珍惜所有的感动，每一份希望在你手中。阳光总在风雨后，请相信有彩虹……

勇往直前也好，学会等待也罢，两者说的，其实是一个意思，那就是对待困境时，应有的积极态度——有时要勇往直前，有时要学会等待。不管如何艰难，等一等，风雨会过去，彩虹会来。阳光仍在，希望不灭，那就好好走下去吧。两题之中，随便选一个来写，难度都不大。

但要写得出彩，还是有点难度的，这考验的是平时运用文字的功力。

对写作，我曾打过这样一个比喻，写作有时类似于小孩子搭积木。一块一块积木堆在那儿，小孩子随意一组合，就能让它们变出房子来，变出车子来。我们的写作也是如此，一堆文字就像积木，在那儿堆着呢，你将怎么组合它们呢？你是想搭出“房子”来呢，还是想搭出“车子”来呢？你是想要古典古朴的，还是雅致精巧的呢？你必须做到心中有数。

这是给一篇作品确立框架和主旨。有了这个框架和主旨，你才能明确你文字的走向。接下来你要做的事就简单多了，挑选出合适的“积木”，把它们集中到一起，找出每块“积木”之间的内在联系，让它们自然衔接起来。最终，它们将变成你想要的模样。

【梅子下水文】

学会等待

恼人的梅雨下了又下，落了又落。似一张絮叨的嘴，没完没了说些陈芝麻烂谷子的事。听的人早已经不耐烦了啊，心里头忧伤四起，唉，这雨，什么时候是个头哇！

然雨总有下倦的时候。就像再远的路，也总能走到尽头。然后，拐个弯，重新上路。

这个时候，我们比拼的，不是谁更聪明，谁更富有，谁更高贵，而是，谁更有耐心。

请学会等待。等扛过风雨，涉过险阻，前面就到了艳阳天。那泼洒而下的阳光，照亮每一片叶子，每一瓣花。照亮鸟的羽毛。照亮天空的云朵。照亮地上的溪流。照亮流过泪的眼。你会庆幸，幸好没有放弃，幸好走过来了。能真真切切拥抱到阳光，能真真切切看到天上的云朵，能闻见栀子花的香，能再看到一朵蜀葵是怎么开的，又怎么落了，难道不是等待的最大意义吗？

很喜欢丰子恺先生说过的一段话："既然无处可逃，不如喜悦。既然没有净土，不如静心。既然没有如愿，不如释然。"我想再加上几句：既然无可挣脱，不如接纳。既然众生喧哗，不如沉默。既然没有好运当头，不如自我加持，耐心等待。把一切的境遇，都当作是人生的修道场。

认识一个姑娘，在大企业待过，因受疫情影响，公司裁员，她不幸被裁了。

闷家里闲来无事，她钻研起化妆。渐渐地，竟也累积下不少心得，鼓捣鼓捣，成立了个工作室，搞起形象设计兼化妆。生意一单一单接着，养活自己不成问题。

还有个男孩子，出国留过学。回来找工作却总是碰壁，高不成低不就的，他干脆自己创业。做什么呢？做美食。做各种的汉堡和比萨，放美团上卖。我买过他做的比萨，挺好吃的。男孩子有一张明净阳光的脸，看着真叫人喜欢。

当生活不那么和蔼可亲的时候，我们不妨对它笑一笑，不跟它死磕，而是适当退一步，等一等，换来的，将是海阔天高。

内蒙古 · 包头

生命的需要

【中考真题】

阅读下面的材料，按要求作文。

没有温度，种子就不会发芽；没有阳光，向日葵就不会开花；没有水流，鱼类就不能生存；没有草原，马儿就难以长大。万物的生长，都离不开一定的条件；离开粗茶淡饭，贵为宇宙精华的人——也会奄奄倒下。但人生又不是仅仅为了吃饭，一位作家就说过，人不能单靠吃米活着……

人的生命不是一种简单的存在，那么，我们的生命还需要什么？

请以“生命的需要”为题，写一篇作文。

要求：（1）文体不限，选取感触最深的一点进行“我笔写我心”的表达。

（2）文中不得出现真实的地名、校名、人名。

（3）字数不少于 600 字。

【思路碎片】

这是一个哲学命题。

生命到底需要什么？

需要空气、阳光和水。

需要赞美、认可和鼓励。

需要爱、陪伴和理解。

需要热情、梦想和艺术……

如果让一千人来回答，恐怕会有一千个不同的答案。

每个人的生命需求相同，又个个不同。活在这世上，每个生命都有基本的物质需求，那是维持生命必备的条件。然在基本物质所需之上，还有对爱的追求，对艺术的追求，对美的追求，对梦想的追求等等，这是精神层面上的需求，也是我们常常所说的，人生的意义。

孩子们所理解的精神需求有哪些呢？他们需要父母的关爱、老师的守护、同学的友谊，需要花草的滋润、阳光的照拂，也需要为自己的梦想而奋斗。如果他们从自身的生活体验来写生命的需要，应该不难。

思维更开阔些的，可以写写别人的故事。像我下面写的这对夫妇，他们一路走来，吵吵闹闹，却在吵闹中相互取暖，这是他们生命的需要。

要做到叙事完整，把“生命的需要”这样的主题，渗透在人物的日常生活中。这样更接地气，更有说服力。寻常人的生命需要，是在那一鼎一镬之外，还有个可以相伴一生的人。那是人世间最温暖的底色。

当然，你还可以写得更恢宏些，把生命的需要，上升到人生伟大的追求上面去。社会的发展和进步，都源于生命的需要。

【梅子下水文】

生命的需要

他和她，吵了一辈子。每次吵起来，他都剑眉倒立，两眼圆睁，仿佛要吃了她。她也不甘示弱，尖着嗓子，剑拔弩张对着他。他们育有一儿一女，儿女们还小的时候，每当他们吵起来，都吓得躲到房里去，心里面是埋怨他们的。

磕磕绊绊的日子，相持着走了下来。儿女们都长大成人了，且都很有出息，一个北上北京，一个南下深圳，各自都成了家。

他和她还是吵，为着一点小事，往往吵得不可开交，最后总要把官司打到儿女跟前去。儿子烦，女儿也烦，责怪他们，你们能不能消停点？他们一齐回答，不能！儿子和女儿无可奈何，决心把他们两个分开。

于是，在深圳的儿子提出，他和妻子整天忙于打理生意，偌大的房子没个人照应，要父亲去帮他看管房子。在北京的女儿提出，孩子小，保姆带着不放心，要母亲过去帮忙看护孩子。

他和她，便一南一北分开了。

儿子很孝顺，供他好吃好喝。怕他寂寞，还帮他报了个老年合唱团，和一帮老人一起弹弹唱唱。他在电话里告诉她，他都学会唱京剧了。

女儿很孝顺，给她买了好多新衣裳，零食水果随她挑，周末还带她逛北京城。她在电话里告诉他，她看到皇帝坐的龙椅啦。

这样的兴奋并没有持续多久，先是她病了，四肢无力，提不起劲来。女儿送她进北京最好的医院检查，却查不出任何病来。继而，他也病了，失眠，眩晕。儿子带他到深圳最好的医院看过，也查不出具体病由。

他得知她病了，在电话里咆哮，你怎么搞的？怎么不注意保护好自己？在那边拖累女儿！

她立即回击，语气也是凶凶的，那你又是怎么搞的？怎么会睡不着？在那边拖累儿子！

女儿埋怨父亲，我爸也真是的，越老越有脾气了。她却喃喃对女儿说，你不懂你爸。

儿子不理解母亲，抱怨道：我妈也真是的，不知道你那是关心她啊。他瞪儿子一眼，你不懂你妈。

她的病继续加重，最后发展到茶饭不思的地步。

他的失眠也与日加重，最后发展到夜夜难寐的地步。

女儿束手无策，问母亲，妈，怎么办呢？她说，送我回去，回去见到你爸就好了。

儿子急得团团转，问父亲，爸，怎么办呢？他说，送我回去，回去见到你妈就好了。

他和她，在老家相聚了。一见面，两个人就精神抖擞地调侃开了，一个说，你变得好丑啊。一个说，你老得像根烧火棍啦。四目相对，个个笑出了两眶泪。他知道，她离不开他。她也知道，他离不开她。他们余生所需，就是能够在一起，相依为命，相互取暖，再不分离。

江苏 · 盐城

我与青春再见时

【中考真题】

“正是江南好风景，落花时节又逢君。”人生，总是充满了再次相见的机缘。儿时的那个玩伴，再见时已成翩翩少年；昔日的那条小径，再见时却已鲜花盛开。还有，曾经读过的书、登过的山、老屋顶上升起的那缕炊烟……

以“我与 ▲ 再见时”为题写一篇作文。

要求：1. 选择恰当的词语将题目补充完整；2. 立意自定；3. 除诗歌外，题材不限；4. 不少于 600 字；5. 不得出现真实的人名、地名、校名。

【思路碎片】

很喜欢这道题开头的一段话，很诗情很画意，又很有哲理，甚至，还充满一丝惆怅和无奈。这是人生的真实状态。

我们的一生，都是在不断的别离中：少年与童年告别；青年与少年告别；中年与青年告别；老年该与所有的告别了……一路之上，我们挥别多少的物事，某天突然相见，那巨大的惊喜该如何消化？

这篇文章写的就是“我”的一段往昔和再见这段往昔的心情吧。回顾往昔，总会令我们生出许多感慨，那种乍见下的冲击，有时甚至是淹没式的，总要过去好久好久，才能慢慢平复。

写成记叙文是最佳的选择。可着重细节描写，不要惊天动地，不要伟大高尚，就是那种寻常的、细微的事情，让你再见之时，猛然回想起当初的点点滴滴，依然感动和温暖。

细节描写最能刻画出人物的性情，折射出人物的内心。人物的外貌特征、语言动作、神态举止，甚至一些行事习惯，都可以归纳到细节中。你只要抓住其中一方面或几方面描写，便能使人物立体起来，使整篇文章变得耐读好看。

【梅子下水文】

我与青春再见时

十六七岁的年纪，是迫不及待要远走高飞的。像一朵花苞苞，就要开了，就要开了，却总也不见开。光阴是缓慢的，缓慢得像教学楼后矮冬青树下，一只慢爬的蜗牛。早上走过时，看它在爬。中午去看，它还在爬，总也爬不到树枝上去。

心是忧伤的。对着一枚叶，看着看着，也会落下泪来。清晨醒来，宿舍还是那个宿舍，教室还是那个教室，操场还是那个操场。教学楼前，一排法国梧桐树，撑着肥圆的叶，不知疲倦地绿着。校园的围墙上，爬满小朵的红和紫，是些野喇叭花，无比寂静地开着。围墙外，传来敲铁皮的声音。那是不远处的一家小店铺，专卖各种铁桶。赤膊的中年男人成日举着铁锤，敲啊敲，声音单调又寂寥。

我时常望着教室的窗外，发呆，天上飘着淡的蓝，或淡的白。风吹得若有似无。我希望着人生这惨淡的一页，能速速翻过去。是的，惨淡。那个时候，我进城念高中，穿着母亲纳的布鞋，背着母亲用格子头巾缝的书包，皮肤黝黑，沉默寡言，跟野地里的芨芨草似的，又卑微又渺小。城里的孩子多么不同，他们住黛瓦粉墙的四合院。他们穿时髦鲜艳的衣，从青石板铺就的小巷子里，呼啸而出。他们漂亮白净，神采飞扬，不识四时农作物，叫我们乡下来的孩子：泥腿子。

我的神经时时绷着，敏感着，怕被伤了，偏偏时时被伤着。他们一个不屑的眼神，一句轻视的话语，都足以让我手脚冰凉。我变得越发地沉默，低着头走路，低着头做事，恨不得能把头埋到泥地里去。

也总是要上他的课。彼时，他四五十岁，挺拔壮实。肤黑，黑得跟漆刷过似的。据说曾去西藏支教过几年。记得他初来上课时，刚一张口，全班都愣住了，他的声音与他的外表，实在不相称，他的声音尖，且细，跟女人似的。几秒钟后，全班哄堂大笑。城里的孩子尤其笑得厉害，他们兴奋地拍着桌子，哗啦啦，哗啦啦。他在前面怒，眼睛睃巡一遍教室，揪出后排一个张嘴在笑的男生，厉声道，你们这些乡下来的，太没教养了！

虽然他不是针对我，但这句话，却刺一样的，扎进我的心里面，再难拔去。再上他的课，我从不抬头听讲，兀自做自己的事。他上了一些课后，也终于发现我的“另类”，在课堂上当众点名批评我，说出的话，如同蹦出的石子儿似的，硌得人生疼。我越发地不喜欢他了。

他后来不再过问我，甚至连作业都不批改我的。一次，他在班上闲话考大学的事，大家踊跃说着理想中的职业。有城里同学看我一眼，大笑着说，她将来适合去做厨师。一帮同学附和着笑。我看到他的眼光不经意地掠过我，又越过去，什么话也没说，一任课堂上笑声泛滥。

是从那一刻起，我在心里发着誓，我一定要考上，给看不起我的人狠狠一击，特别是他。凌晨三四点，我一个人就悄悄起了床，到教室里点灯读书。如此的日复一日，结果，高考时我考了高分，他任教的一门，我考了年级第一名。

多年后，高中同学聚会，请来当年的老师，其中有他。他早已不复当年的挺拔，身子佝偻，双鬓染霜，苍老得厉害。这让我意外，想来他也不过六十来岁，何以会如此衰老？他在一帮同学的簇拥下，站到我跟前。同学让他猜，老师，她是哪个？他看定我，笑着摇摇头。同学提醒他，老师，她是当年我们班作文写得最好的那个，叫某某某啊。他看着我，还是抱歉地摇摇头，眼神天真。

有同学悄悄对我耳语，老师失忆了。我一惊，突然想落泪。多年来，我极少回顾青春，以为那是我人生里的一道暗疮。可现在，我却多么愿意走回去，他还在讲台上挺拔着，我还在讲台下稚嫩着。教学楼前的梧桐树上，还有雀儿在跳得欢。

青春原是一场花开，欢乐或疼痛，都是岁月的赠予。因为经历了，我们才得以成熟，所以，感谢。我上前挽起他，我说，老师，我们合个影吧。相机上，我的笑容，映着他的笑容，当年的天空，铺排在身后。

山东 · 滨州

只要还在

【中考真题】

有一首小诗写道：只要春天还在，纵使黑夜吞噬了一切，太阳还可以重新回来；只要生命还在。纵使身陷茫茫沙漠，还有希望的绿洲存在；只要明天还在，冬雪终会悄悄融化，春雷定将滚滚而来。

请以“只要还在”为题，写一篇文章。

【思路碎片】

这个题目，看似普通，细读之下，却余音袅袅。

只要还在，是什么还在？天空在，大地在，树在，河流在，花朵在，你在，我在……还可以是希望在、信念在、健康在、善良在、美好在……无论哪一种存在，我们都可以赋予深情。因为，这些存在，是我们的支撑，是我们活下去的见证。

这类题目，宜写成记叙文和散文。记叙文通过一个或两三个故事，来阐明某种事物“存在”的重要性，因它还在，我们虽身陷泥淖，还能仰望天空。

散文不能过于松散，要做到你笔下所描写的情绪、景致，都离不开你要表明的一种“存在”，让读到的人，深有同感，深受启发。

我曾说过，写字如同作画，一个是用线条勾勒，一个是用文字涂抹。这是绘画与写作的相通之处。

要想作出一幅让人为之惊艳的画，先决条件不可少——好的画布，好的画笔，还要精选各种颜料。然仅有这些还远远不够。这握笔作画的人，得懂布局，懂色彩搭配，懂线条走向，还得读懂事物的性灵。

对，性灵。万事万物都有性灵，所以你是你，它是它。只有抓住事物的性灵，才能抓住事物的本质和特征，于是日月星辰，山川河流，花鸟鱼虫，各各认取自己的模样。

说到底，功夫还是在平时。平时要多训练自己的敏感，留意身边的一切人、事、物。观花是花，亦不是花。观月是月，亦不是月。这里面，借助了想象，寄托了你的个人情感。

平时还要多练笔，对文字随意组合和搭配。作画时，颜料的搭配很重要。藤黄配花青，用来涂抹绿叶最好。花青加曙红，或是藤黄配赭石，用来显示花瓣的气质最好。文字亦如此，不同的搭配，会营造出不同的意境。有时，某段文字的组合，也许是神来之笔。

【梅子下水文】

只要还在

天阴了好些日子，终于开脸了，太阳又肯当窗照了。人被捂得生了绿苔的心，重新活泛起来。

裹好自己，出去走走。

也不过五六日不见，楼下两株蜡梅，花香已鼎沸。我凑近它们，一一抚慰：也没个人赏，你们，寂寞坏了吧？

我走，它们用香缠绵来送。虽隔着厚厚的口罩，那香，还是撩拨得我的心直打颤。

路边草坪上的草根，已隐隐透绿。道路清洁。看来，清洁工没少清扫。我在心里向他们致敬。无论处在多么非常的时期，有些岗位，总得有人冲在前头。他们是平凡的，他们是伟大的。

结香的脑袋沉甸甸起来。也许明天，也许后天，它们中的谁，会率先绽开的吧？到那时，每一朵花，都像举着一壶的香，守在那里喷呀喷呀，二月喷完，三月接着喷，直到把整个春天彻底喷香才肯作罢。

海棠的枝条也在苏醒中。桃树的枝条也在苏醒中。红叶李的枝条也在苏醒中。河边的柳，已然醒过来了，它们扭着腰肢，捉来一芥一芥豆绿的芽儿，镶在身上，珠翠丁当。

鸟儿在其上穿梭歌唱。它们小嘴一张，就是一个绿，就是一个红，就是一个黄，就是一个紫……春天，真的快来了，什么也挡不住它的。

通榆河里有捕鱼的。一船，四人，两张网。我站在河岸边，望。他们撒下一网，捞上来，只有小鱼小虾。他们再撒下一网，捞上来，还是小鱼小虾。我望得眼睛潮湿。那人向他们竖起大拇指。他们回赠一捧笑容。懂的，都懂的。

猝不及防的新冠疫情，无数人的居家隔离，让这样的寻常，变得无比珍贵。我们从喧嚣中，终于退回到自己的内心，审视自己的所作所为。我们走过那么多的路，追过那么多的风，所求的幸福，不过是当下的平安，当下的健康，当下的活蹦乱跳。人世一场，能够好好活着，就是上天最大的恩赐。

再漫长的夜，也终会走到天明。再寒冷的冬，也终会被春暖花开所取代。人类是不朽的，只要信念还在，就不惧任何惊涛骇浪。回头的路上，我看到光秃秃的樱花树上，已爬着些小花苞。不用等太久吧，它的枝条上，就会坐满叽叽喳喳的小花朵。

2013

黑龙江 · 哈尔滨（市区）

青年和一枝百合

【中考真题】

一个遭受挫折的年轻人，情绪低落地走到自家的一扇窗前，推开了窗子。窗外是拆迁后留下的一片废墟，断壁残垣，杂草丛生……他猛地关上了窗子，低着头，坐在房间的一隅，默默无语。他的父亲看到了，忙拉着他来到客厅的落地窗前。窗外绿草如茵，花坛中一簇簇盛开的鲜花，迎风摆动……看着眼前美丽的景色，他觉得自己的心情也渐渐好了起来。

这个材料至少给了我们这样一些启示：环境会对人的心情产生一定影响；正确而及时的引领有助于走好人生之路。

请根据以上材料，自选角度，写一篇文章。

要求：①所写文章主旨必须从所给材料中提炼，但不要对材料扩写、续写和改写，不要套作，不得抄袭；②立意自定，题目自拟，文体自选（诗歌、戏剧除外）；③不少于 600 字；④文中不得出现真实的人名、校名。

【思路碎片】

哈尔滨这次中考，给出了两道作文题，还有一道是命题作文——《美在不期而遇》。我想，大多数孩子可能会选写那一个。他们虽然阅历有限，但在他们十多年的人生中，总有过一次或几次不期而遇的经历吧。不期而遇某段风景，不期而遇某本书，不期而遇某个人……那一些，在他们心中留下一抹亮色，写下来即可。或抒情，或表意，都不会走题。

这一道材料题，稍稍有点难度。好在材料给出足够多明晰的提示：环境会对人的心情产生一定影响；正确而及时的引领有助于走好人生之路。考生可根据这些提示，选择合适的角度，写出一个类似于材料中的小故事的故事。

环境影响人，这是这道题给出的核心。而好的环境，会使人拥有积极向上的心态。这应该是该文核心中的核心。我们下笔的重心，最好落在这上面。

无论你是讲述一个故事，还是讲述一个道理，都不要离开“环境”而讲。这就要求我们要有很细致的环境描写，由景生情，情生景，做到情景交融，景中有情，情中有景。

情景交融法，应该是我们在写作中，运用得最多的一种表现手法。日月星辰，山川河流，花开花谢，潮起潮落，四节轮回，风霜雨雪，都是我们可以描摹的对象。我们把自己的情感寄托其上，使情感找到一个落脚处，不至于成为无源之水，无根之木。

【梅子下水文】

青年和一枝百合

这是一个冬天的黄昏，青年蜷缩在路边，他已经饿了一天了，却没有乞讨到一口吃的。他心里生出怨恨，世态如此炎凉，人情如此淡薄，他真恨不得毁了它。想当年，他家里有钱的时候，那叫一个门庭若市啊，每天川流不息的人和车辆，个个都争相前来献媚献好。他那时多神气啊，是父母的掌上明珠，要风得风，要雨得雨，人人都围着他转，都夸他前程似锦。他的头上，仿佛罩着七彩光环。

可是，命运却给他致命一击，18岁这年，家里遭逢巨变，一把大火，将他拥有的一切，化为乌有。曾给他无数庇佑的父母，葬身火海，他成了身无分文孤苦伶仃的一个人。曾经那些友善的面容，一时间都变得淡漠甚至狰狞，避他唯恐不及。

青年寄身于一座破庙中，每天浑浑噩噩着。饿了，就出去讨两口吃的，然后回到破庙中，继续着他的浑浑噩噩。几年下来，他像个野人般的，胡子拉碴，头发蓬乱，浑身散发出异味，他也完全不在意。

夜幕四合，青年无精打采地站起来，准备回他的破庙去。这时，一个小姑娘手捧一束百合花，蹦蹦跳跳走过来。小姑娘的母亲今天生日，母亲最喜欢百合花，小姑娘就用她积攒的零花钱，给母亲买了一束百合花。小姑娘看到青年，愣了一下，她“认识”他，每天坐在这里乞讨的一个怪人。青年瞪了一眼小姑娘，有发出警告的意思，别惹我。谁知小姑娘突然展颜一笑，从怀里的一捧花里，抽出一枝来，递给青年：“叔叔，这枝百合花送给你。”

青年没好气地说：“我要你的花做什么，花又不能吃。走开走开，别挡着我的路。”

小姑娘却固执地举着那枝花：“叔叔，你不觉得这枝百合花很好看吗？我希望它能陪着你，带给你一个好心情呀。”

青年深感意外，他看了一眼小姑娘，又看了一眼小姑娘手上的花，它们那么明媚，渐渐暗下来的天空，仿佛也被它们照亮了。他不由自主伸过手去，接下了那枝百合花。

青年把百合花带到破庙去，找了个空罐头瓶子插进去，搁到窗台上。他躺到他的一堆破烂里去，看着窗台上的花，第一次失眠了，只觉得那里像是燃起了一支烛火。也不知什么时候，他才迷糊地睡过去。

第二天早晨，青年在一阵花香中醒来，他有些迷惑，一时不知发生了什么。待他睁开眼睛细看，看到窗台上的那枝百合，嫣红的花朵正朝着他，像一张大大的笑脸。青年的心里，有什么复活了，青年自言自语说，我不能再这样下去了，我得有个新的人生。

青年起床做的第一桩事，就是洗净身子，换上干净的衣衫，把胡子刮了，头发剪了。他揽镜自照，发现镜子里的青年，好年轻好英俊。他开开心心走出庙门，他想，天地广阔，总有一处，能容他扎下根去。

江苏·盐城

放慢脚步

【中考真题】

请以“放慢脚步”为题写一篇文章。

要求：（1）认真思考题目含义，选择恰当的角度；（2）除诗歌外，文体不限；（3）不少于 600 字；（4）不得出现真实的地名、校名和人名；（5）书写认真规范。

【思路碎片】

这道题很贴近现代人的内心需求。

我们总是走得太快，忘了初心，忘了一路上的风景。

作为成长中的青少年，应警惕这样的快速飞奔。人生急什么呢？一日一日的成长，都有各自的顺序和规律，打破这种规律，其结果，往往适得其反。又，好的风景，是要放慢脚步慢慢看的。

要写好这类文章，首先必须审清题目的含义。为什么要放慢脚步？怎样做才能放慢脚步？放慢脚步的意义何在？如果能把这三个问题理清了，心中有个明确的答案了，那么下笔起来，就会轻松许多。

可写成散文，亦可写成记叙文。

写成散文要注意行文的流畅性，不能只空洞地抒情，一大堆废话漂亮话堆在一起，叫人摸不着头脑，理不出头绪。写成记叙文要注意故事的可读性，落笔的重心要放在“放慢脚步”这件事上。

无论选择哪种文体写作，都要做到删繁就简。一些优美的词汇、优美的句子，甚至优美的段落，如果它们的存在，对于整篇文章来说，不单可有可无，而且显得累赘，淹没了重点，那你就要毫不迟疑、毫不手软地删掉它们。只有这样，才能保证你的作品，结构做到既紧凑又严谨。

【梅子下水文】

放慢脚步

高中同学R，突然辞了职，放着百十万的年薪不要，从繁华旖旎的大上海，跑到遥远偏僻的海边滩涂去，租下一块地，搭了窝棚，修篱种菊，过起农耕生活。

这个消息，让我们吃惊。当年，R是我们一帮同学中最为出众的，整日里像张鼓满风的帆，猎猎飞扬。他有句口头禅："时间不等人，再不努力，就晚了。"这句话常被老师拿来教育我们。

考大学时，R毫无悬念地考上了重点大学。大学期间，他又因成绩格外优异，被保送读研。然后，出国读博。一路春风得意马蹄疾。

读博归来，向R敞开大门的大公司，有数十家。R最后选择了上海的一家，他认为，只有像上海那样的大都市，才更利于他施展拳脚。他如鱼得水，在公司的地位扶摇直上，一直做到副总。

我们有事路过上海，R很热情地招待我们。他白皙儒雅，意气风发，谈吐间，挥斥方遒，完全一副成功人士模样。却忙，和我们吃一顿饭的工夫，他接了几十个电话。我们打趣他："你真是个大忙人哪。"他歉意地笑："没办法，停不下来了。"有一回，他接了个电话，不得不中途撂下我们，说公司有急事，他得赶回去。他一阵风似的，走了。我们有些羡慕他，又有些同情他，总觉得他被什么绑架了，失了自由。

我们几个高中同学相约，找去海边滩涂，看望R。出现在我们眼前的R，让我们颇感意外。他变黑了，身体健壮，一件汗衫套着，跟当地的农民别无二致。他正在搭一蓬黄瓜架子，说要种黄瓜。他身后的窝棚顶上，已爬满绿的藤蔓。他说，那是他种的丝瓜。几只鸡，在屋前的菜地里觅食。不远处，横亘着一条清澈的小河，河边野葵朵朵。小河过去是竹林。竹林过去是蓝天。看得我们心动，这真是块修身养性的好地方。

自酿的葡萄酒竟也是醉人的。R的脸微红着，告诉了我们一个秘密：三年前，一次例行体检中，医生宣判了他的“死刑”，肺癌，晚期。

接到宣判的那一刹那，他如五雷轰顶。他想他的一生，几乎都在疾走之中，沿途的风景，从没有欣赏过。“我不服啊！”R猛喝一大口葡萄酒接着说。痛定思痛，他作出一个重要决定，临死之前，他要好好待自己，听凭心的喜欢，抛却俗世追逐，过几天真正属于自己的日子。

他来滩涂住下，种花种菜，安享自然。他过了一年。又过了一年。极意外的，他的身体竟朝着好的方向发展。再去医院检查，给他宣判过“死刑”的医生，直呼不可思议。R笑了，R真心实意说：“现在，我才真的体会到，人生不用那么急着赶路，适当放慢脚步，才能更好地拥有。”

饭后，R领我们去海堤上听风。“海堤上的风是很有意思的，有时像吹长笛，有时像吹短号。”R说。他轻轻坐下来，微微闭起眼睛。风吹起他额角的发，太阳光爬上他的脸，他安详得像一棵草。

我们看着，都心有所动。人的一生中，到底什么才是最重要的？有时，不妨放慢你前行的脚步，让生命沐着自然的光泽，生命才不至于早早枯萎。

天津

捡拾幸福

【中考真题】

有人说生活太平凡，幸福很遥远。其实，点点滴滴的幸福在你的生活中俯拾皆是。只要用发现的眼光看待世界，用感恩的心态采撷生活，你就能够收获许多幸福的印记。课堂上一声真诚的赞许，赛场上一句热情的鼓励；手机里一张张欢聚的照片，餐桌上一盘盘温暖的饭菜；抑或是一次快乐的远足，一次春雨中的漫步，一次醉心的阅读，一次成功后的哭泣……同学们，用心捡拾生活中的幸福吧，把它装入行囊，伴你快乐成长！

请以“捡拾幸福”为题目，写一篇文章。

要求：（1）内容具体，有真情实感；（2）文体不限（诗歌、戏剧除外）；（3）字数不少于 600 字；（4）文中请回避与你相关的人名、校名、地名。

【思路碎片】

中学生要写好作文，最关键的第一步是，要审好题。

“捡拾幸福”这样的题，并不难理解，它的重心放在“捡拾”上。词典是这样解释“捡拾”这个词的，意思是：到处翻找，搜寻，搜集。题中要求你写的幸福，是被你忽略的、遗忘掉的，或是意外相遇到的。总之，是要你主动去发现的。

做足了这第一步的功课，接下来，你只要认认真真地回忆一下，你曾相遇过哪些幸福。其实，材料中已给足了暗示：课堂上一声真诚的赞许，赛场上一句热情的鼓励；手机里一张张欢聚的照片，餐桌上一盘盘温暖的饭菜；抑或是一次快乐的远足，一次春雨中的漫步，一次醉心的阅读，一次成功后的哭泣。——这些，都是幸福。

当然，写作不是乱炖，不是所有素材的简单叠加，而是要有侧重。在你能想到的所有幸福中，你要进行筛选，找到最能打动人的。你可以撷取一个幸福，譬如就写雨中漫步。你也可以捡拾相似的几个幸福，把它们串成美丽的项链，每一粒珠子，都是一种久违的快乐。

幸福不在高处，而在低处。幸福又是微小的，隐藏在我们生活中的每一丝缝隙里，如风吹过花的心，似乎了无痕迹，可是，它在，等着有缘人去相见。你只要做个有心人，就能很好地驾驭这篇文字，撇去浮华，走近寻常，写出那些微小的，带着生命温度的，低到尘埃的点滴幸福，让读者在读完你写的幸福之后，会恍然大悟，产生强烈共鸣，是的，是的，这就是幸福。

生活中，我们多数人都是寻常的，平凡的，做不来惊天动地。我们一生中做得最大的事，那便是，低到尘埃，努力活着。而在这样的活里头，有爱，有暖，有坚守，有担当——这便是寻常人生的全部意义和幸福。当你的笔能够抵达他们，你写出的文字，才会厚实亲切，熠熠生辉。

【梅子下水文】

捡拾幸福

我上下班，常要从一条小巷过。有时骑车。有时乘车。也偶尔，会步行。

小巷很有些年岁了，两边的房都泛着灰，像穿旧的蓝布衣。大多数是老式平房，有天井纵深。朝向巷道的一面，开着小店，卖些杂七杂八的日常生活用品。还有蛋糕店，馒头店，卤菜店，理发店，水果店，裁缝店，和一家报亭等。一些小摊见缝插针摆在路边，是些乡下农人来卖时令果蔬的。蚕豆上市了卖蚕豆。草莓上市了卖草莓。青菜上市了卖青菜。来自山东卖炒货的一对老夫妇，在一幢房的边上，搭了棚屋住，一住就是二十多年。炒货一袋袋，香喷喷，摆在棚屋门口卖。那里的空气中，便常拌着炒货的香。

巷道边上，长着成年的海桐、合欢、荷花玉兰和栾树，绿阴如顶。人是有福的，抬头就能见花。白，或红，大团的，或大朵的，总是不知疲倦地开。只是日日相见，我们多的是熟视无睹。步履匆匆，花白花红，不落一点到心里。

那日，我又经过小巷，照例行色匆匆。我走过一家小店，又一家小店，无意中一瞥，看见卖炒货的那对老夫妇，正守着他们的炒货摊，在合吃一只橘。午后三四点，风轻云淡，客少人稀，这清闲的一段时光，是属于他们的。他们肩并肩坐在那儿，你一瓣橘，我一瓣橘，脸上是闲花落尽后的安然。

我被他们手中的一只橘子击中，傻傻地看他们，看得眼睛湿润。我望见了这个尘世间最朴质的相守，无关山盟，无关海誓，无关富贵荣华，只要稍稍转过头来，你就能望见我，我就能望见你。

再看眼前的寻常，突然变得样样生动。那些旧的房，是生动的。一缕阳光斜斜地打在上面，波光粼粼，如小鱼在跳舞。守着小摊卖水果的女人，是生动的。唇上一抹红，印在她黝黑的脸上，分外夺目。显然，她是抹过口红的。有孩子的笑声，从幽深的天井里传出来，清脆丁零，是生动的。他在玩什么游戏呢？童年时光，寸寸金色。乡下来卖果蔬的老农，是生动的。他半蹲着，笑眯眯看街景，脚跟边，堆一堆新鲜的芋头。我买几只，想回家做芋头羹吃。他帮我挑拣大个的，殷殷说，全是地里长的呢。为他这一句，我笑了半天。

还有那些树，是生动的。我稍一仰头，就与一捧一捧的红蒴果相逢。那是栾树的果，望过去，像纸叠的红灯笼。它把生命的明艳，一丝不苟地写在秋的册页上。

迎面走过来的女孩，是生动的。她手捧一盆新买的玉簪，且走且乐，脚步轻盈，眉目飞扬。

我不再急着赶路，而是慢慢走，微笑着看。看天，看地，看树，看花，看人。我像踩着一朵云在走，心里充盈着说不出的美好。这个寻常的秋日午后，我捡拾到了大捧的幸福，那是一只橘子的幸福，一缕阳光的幸福，一抹口红的幸福，一朵笑声的幸福，几只芋头的幸福，一捧红蒴果的幸福，一盆玉簪的幸福。是这个恋恋红尘中活着的幸福。

2012

辽宁 · 沈阳

爱与时间同行

【中考真题】

在时间的列车上，爱从不缺席，有父母深沉的爱，有朋友真挚的爱，有陌生人无私的爱……

请以“爱与时间同行”为题目，写一篇文章。

要求：①除诗歌外，文体不限，可以记叙经历、抒发感情、发表见解等；②字迹工整，书写规范，字数600—800字；③文中请不要出现真实的姓名、校名；④文中不得引用、抄袭本试题卷阅读理解部分的材料。

【思路碎片】

有关“爱”的话题，自古以来，当以恒河之沙计。

不过，题目要求写的“爱”，是与时间同行的“爱”，不是发生在瞬间的，不是发生在一段时间内的，而是有了“永恒”的意思。

其实，真正的人类之爱，哪一个不是经得起时间推敲的？即使换了朝改了代，那些爱也还在的。它们如同血液，渗入生命里，和着生命一起奔流。那里有爱情的爱，亲情的爱，友情的爱，善良人的爱……千百年了，人类从来不曾走远过，就在这俗世里活着、爱着，这才有了世世代代。

写这个主题，一点儿不难，题材的选择无非是那一些：爱情的，亲情的，友谊的……挑一个自己最擅长的来写就行了。但难的是，怎么把它写感人了。因为写的是“爱”，所以感情尤其要真挚。

真正好的文字，首先应该是好读的，是愉悦人的眼睛与心灵的，如清晨的花蕊，沾着露。故而，你要写出一段温润的文字来，你须得让这段文字，有阳光照着，有露水濡着，有花香拂着，总之，要有自然供养着——好的文字，是需要供养的。

而供养的源泉，不在他处，就在我们的内心。当你内心对这个世界充满善意和爱时，你眼中所照见的事物，无一不带着诗意和美。

【梅子下水文】

爱与时间同行

上个世纪40年代，他和她，在兵荒马乱中相遇。那时，她逃婚出来，身无分文，饿得奄奄一息。路过的他，用一碗清水和一个馍救了她。四目相对的刹那，年轻的心碰撞到一起，他和她，相约要一辈子。他清楚地记得，那天的天空中，飞过一群燕子。而她也清楚地记得，他的身后，开满紫色的小野花，朵朵灿烂，就像铺开了一条花毯子。

他们一路相伴着走下来，无数的风风雨雨，硬是被他们写成平平仄仄的诗行，每一行里，都是脚印成双。是的，他们，从未有过分离。

然病痛和衰老来袭，是由不得他们的。95岁这年，他的心脏出了问题，不得不住进ICU病房，整个人躺在床上像条风鱼干，一点儿动弹不得。她急着跑来看他，一个脚步不稳，摔倒了，造成股骨骨折，也躺进了这家医院。他们之间，只不过隔着几层楼，却如同隔着海角天涯了。他时时刻刻念着她的名字，她也时时刻刻念着他的名字，恨不能肋下生出双翅，飞到对方身边去。

他多器官衰竭，自知活不长了，遂放弃治疗，他要回家去等她。回家前，他跟医护人员提出，想最后拉一拉她的手。医护人员含泪答应了。

她被医护人员推了进来。两张病床终于挨到一起，他们相见了！有好一会儿，他们都没有说话，只那么互相凝视着，是要把对方望进骨头里去的。后来，她颤巍巍地伸过手去，执了他的手，轻声对他说："你放心，我会照顾好自己的。等我好了，我就回去找你。”一旁的医护人员别过头去，红了眼圈，心里清楚着，两个老人这是在作最后的告别，他已撑不了两天了。这个时候，已不怎么能开口说话的他，竟发出一连串沙哑的声音，医护人员俯过身去，也听不分明，而她却听懂了，他说的是：“你要好好养伤，我会等你，一直一直等你。”她按了按他的手，点头答应：“好的，好的，你放心，我会回去找你。”

爱有永恒吗？爱有。他们活在报纸的一端，一则社会新闻，短短的几行字旁，刊着他们执手相看的照片：两张病床紧挨着，他们脸对脸的，就那么紧紧地执着手，朝着对方望着、望着，地久天长地望着……

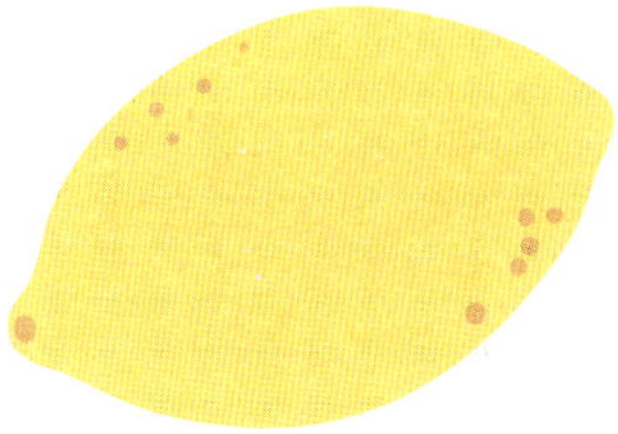

2011

河北

陪伴

【中考真题】

根据要求作文。

题目：陪伴

要求：①有真情实感；②文体自定；③不得套写、抄袭；④不少于600字（写成诗歌不少于20行）；⑤文章中不要出现真实的地名、校名和人名。

【思路碎片】

这个题目虽只有两个字，内里却乾坤大。

谁陪谁？谁是谁的伴？

我们的思绪首先会锁定在人身上。人是最害怕寂寞和孤独的。

确实如此。从小到大，一路的成长，离不开一系列的陪伴。父母的陪伴、老师的陪伴、同学的陪伴、朋友的陪伴……人与人最美的情感，莫过于陪伴了，那是最长情的告白。此外还有物的陪伴，比如书本的陪伴、音乐的陪伴、美食的陪伴……

动物也是人类的朋友，花草也是人类的朋友，有时有它们陪伴着人类，慰藉了人类许多虚空。譬如忠犬八公。

如果我们的思绪能从人类身上发散开去，扩展到其他生命中去，还会发现，许多的生命都在发出呼唤，想得到回应。猫和狗因为寂寞而相互依靠着取暖；狼和小羊因为寂寞，也能视对方为友，相依为命……

这类文章，都是以情感见长，必须真情实意才能动人。

那么，怎样才能呈现出文字的真情实意呢？我的答案是，让文字返璞归真，少些修饰，多些朴实。不文艺腔，不弯弯绕绕，风轻云淡的叙述，赛过华丽辞藻的堆砌。

在创作中，还要尽量使你的文字能够“活”起来。活是什么？是生命在运动。所有的生命中，人是极具代表性的，人的思，人的想，人的一言一行，一举一动，无不使生命更具动感。此外，花鸟虫鱼的，风霜雨雪的，甚至是一幢老房子，也是有生命的。在写它们的时候，采用拟人化的手法，让它们具备人的思想和情感，灵动起来。

【梅子下水文】

陪伴

每次回老家，我第一个要去看望的，是一棵枣树。

枣树长在老屋的西窗下。老屋是一半茅草一半瓦片盖顶，而今早已不住人了，当了仓房，收藏些不用的农具、废弃的家什。我爸几次三番想拆了它，被我阻了，我说，给枣树留个伴吧，枣树还长着呢。

从我有记忆起，老屋就在，枣树就在，它们相互偎依，须臾不离，是我见到的天地间最早的样子。

枣树是我出嫁多年的三姑在娘家时栽的。我在老屋里出生、成长，吃到的第一种可以称作水果的东西，就是枣。那时觉得枣树真是高大得很，树干都高过屋顶去了，蓬勃的枝叶，把西窗的光线给遮住，我妈在房内做针线，不止一次看着窗外发狠道，得砍掉这棵枣树！

不知她发了多少狠，枣树却依然枝叶蓬勃地长在窗外。五月份开始开花，能开到七月。花细小，呈淡绿色，半透明状，缀在绿叶中，不甚分明。只有当一阵风来，树上的花簌簌飘落，我们才惊觉，哦，枣树开花了。心里面很欢喜，啊，又有枣子可吃了。

等到枣树真的结枣子了，我们小孩子的心思，大半都在它身上了，比馋嘴的鸟儿还馋。在外玩耍，玩到一半，想起枣树上的枣子，立马飞奔回家，远远望见枣树在屋子前好好站着呢，真是好快乐。等不得它成熟的，趁大人们不备，举起竹竿，敲下一些来吃。惹得奶奶拿着笤帚追着打。

一年一年的，我们盼着枣树开花，盼着枣树结枣。一年一年的，我们跟鸟儿抢着吃树上的枣，吃着吃着，也就长大了。

如今，我奶奶已离世好几年了。枣树跟老屋一样，也呈现出苍老的样子。曾经我以为的高大的枝干，好几处都已被虫子蚀空。但只要它在，老屋在，我的往昔，便有了寄存之处。

我还是一回老家，就跑去看它。树上的叶子稀薄了，结出的枣子也稀薄了，像满嘴的牙掉落得没几颗的老太太了，可一脸的慈祥，却在岁月的深处闪着光。我心底明白，是它陪伴着我长大，它已是我生命里不可或缺的一个伙伴。

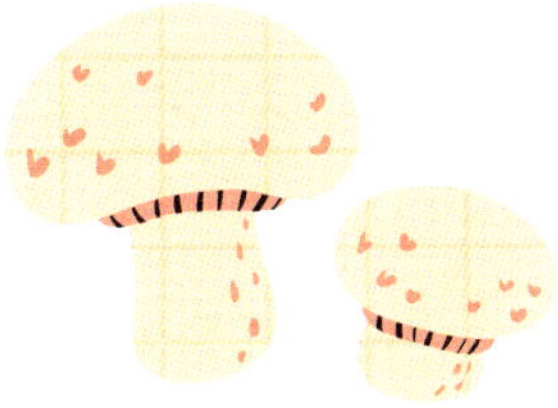

2009

江苏

品味时尚

【高考真题】

“人们追逐时尚，不是因为它适合自己的气质，而只是因为大家都是如此。”时尚表现为语言、服装、文艺等新奇事物，在一定时期内的模仿与流传。各种时尚层出不穷，其中，好与坏、美与丑、各种观点交错杂陈。创新与模仿永不停息地互动，有的如过眼云烟，有的能沉淀为经典。

请以“品味时尚”为题目，写一篇文章。

要求：①自选角度，自行立意；②除诗歌外，文体不限；③不少于 800 字。

【思路碎片】

好多考生拿到这个题时，傻眼了，他们的第一反应是，我们日日埋在书本里，足不出校园，哪里知道外面的时尚？更谈不上去品了。他们痛恨着出题人的刁钻，这出的什么题！他们理所当然地无从下手了。

题目似给足了料——语言、服装、文艺等新奇事物，都在时尚范畴内，光写出它们来还不行，你得“品”，得有自己的是非观——这就更难了。如果这个时候，你只局限在现有的语言、服装、文艺的时尚上，你会掉入一个坑，爬不上来。你最好避开这些，创造出你以为的时尚来。时尚本就是从一个两个人开始的，为什么不能从你开始呢？当它被你拉到现实里来，被你拉到你所亲近的事物上来，你就有话可写了。

再貌似刁钻的作文题，都可以让它转化成普通转化成日常。拿到题时，你一定要沉着冷静，它离你再远，你也要想办法把它拉到你的身边来。你要抱定一个宗旨，再深刻的事件，左不过都是生活着的，都是这天底下的事，都是你遇见过的那一些，找出其中一个或几个最容易操作的，写下它们就是了。

【梅子下水文】

品味时尚

是在突然间起了念头，要来个农家游的。

那日，闲来翻报，看到休闲时尚一栏，大幅的照片上，村庄田畴铺陈，阳光融融，人们笑脸灿烂。旁有文字介绍，说上海市民现在最时尚的生活，是去乡下吃农家饭，品农家菜，看农家景。

失笑不已，这样的时尚，我在一二十年前可是天天品味着的。

得了启示，休息日里，电话召集同样在外工作的弟弟，我说我们这次一起来个农家游可好?

两家人马，浩荡成一支团队，直往乡下——我们的老家扑去。我们的父母慌张了，他们站在屋前，手足无措地望着我们笑，问，乖乖啊，今天又不过年又不过节的，咋都回来了呢?

一笑，回他们，想你们了呗。话说完，脸暗自红，若不是受这时尚的农家游的启发，生活在城里的我们，平常日子里，哪里会想到父母。

父母冷清的小屋，因我们的到来而热闹。家里养的小黄狗也来凑热闹，老熟人似的，绕了我们的脚跟嗅。一只小羊跑来，站在门口，朝着我们好奇地张望。琥珀色的眼睛里，有着孩童般的温柔和天真。母亲介绍它像介绍她另外的孩子，母亲说，这是家里刚生的小羊，这小家伙聪明得跟人似的，我和你爸从田里回来，它都老远跑过去接。前些天，它吃了下过露水的草，泻肚子了，再喂它湿草，它怎么也不肯吃了。

我们都以为奇，围着小羊拍照。暗喜不已，这样的“明星”，到哪里去找？六岁的小侄子，更是抱着它，当成活玩具，喜欢得不肯松手了。

提了篮子，去地里摘菜蔬。初夏的天，地里的植物们，葱茏得不能再葱茏。瓜果多的是，香瓜梨瓜，比赛着结，——随便摘吧。蔬菜多的是，韭菜一垄一垄地绿着。还有小青菜，嫩得掐得出水来。黄豆荚也饱满得刚刚好，用韭菜炒嫩黄豆吃，既鲜嫩又清新。

邻居们隔墙相望，远远招呼，我家有紫茄子要不要？

要，当然要。提了篮子就过去了，摘了小半篮子。邻人还嫌不够，频相劝，再多摘点呀，我家里多着呢。

心里满溢的都是好。乡下人家就是实成，在他们，给予是快乐，而你的接受，对他们来说，更是快乐。因为你的接受，意味着没拿他们当外人。心与心，原是这样靠近的。

很快，正宗的土灶上，烧出正宗的土菜，父亲还宰了一只草鸡。一桌子的好吃好喝。我们埋头大吃，直吃得打饱嗝。父母却吃得少，一直在一旁笑眯眯地看着我们，不时地叹一声，真好。

真好什么呢？在他们，子女能常回家看看，就是最大的满足。我突然想，假如，与亲情相约也能成为一种时尚，将有多少父母笑开颜啊。而我们，也因这样的时尚，可以时常与记忆里的自己重逢，去童年待过的地方走一走，去问候一下从前的蓝天和白云。人生会因此，变得更为丰满。

写在后头

把丢失的好奇心找回来

很多孩子非常惧怕写考场作文，他们跟我强调，是考场作文哎！似乎考场作文长着另一副面孔，又凶又丑，与平时写作的模样大相径庭着。

事实上，考场作文与平时写作并没有什么区别，它们筋连着筋，脉通着脉。它不过是对平时写作的一次检测。倘若你平时写作功底够硬，对付考场作文根本就不在话下，你会轻松自如地把它搞定。

说到底，功夫还是在平时。台上一分钟，台下十年功。平时多写，充满乐趣地写，形成自己的文字风格，那么，到了考场上，你不管拿到什么指定的作文题目，也能迅速理清思路，找准主题，酣畅淋漓地写下来。你也只当它是一场平时的写作，你要做到的，也是写作必须做到的，那就是，以你手，写你心，写出真情实感来。

亦常有孩子对我抱怨，老师啊，不是我不想写好我的文章啊，而是我的生活阅历实在太有限了，我没有素材可写啊。

好吧孩子，我承认，你的阅历的确有限，自是比不得成人，你写不出太多深刻的东西。可是孩子，你也是有血有肉有情感的人啊，你不是生活在真空中的，你十几年生活的累积，也是一笔可观的财富。你看到的，你听到的，你闻到的，你吃到的，你想到的，你得到的，你高兴过的，你伤心过的，你向往过的，你雀跃过的……每一笔都算数。又，哪一个日子对你来说，不是崭新的唯一的？每一天的相遇，或多或少，都应该在你的人生履历上，留下一些痕迹。这一些，足可以形成美妙的文字，向你的读者传递这世间的温度。怕只怕，你已不知不觉关闭了你的耳朵，不知不觉让你的眼睛蒙了尘，让你的心，一日一日，变得麻木不仁。你处在生活中，又不在生活中，你对你周遭的环境已做到熟视无睹，心如止水了。倘若果真如此，我真的替你难过，孩子，你把你最可贵的东西——一颗好奇心，给弄丢了。

曾经的你不是这样的。一堆儿沙子，你能玩上大半天。也能把一片草叶儿当宝贝，捏在手上，左端详，右观看。你会对着一只小鸟说话，会跟小猫交朋友。你会追着一阵风跑，想跟风比赛，看谁跑得更快。你相信把面包埋在土里，会长出面包来。你相信妈妈是超人，上天入地，无所不能。你相信月亮上也有一个小孩，和你一样，晚上迟迟不肯睡觉。你会说“小草睡着了，星星们在唱歌，小蚂蚁在玩捉迷藏”那样诗意的话来。你看到小河的水面上漂着垃圾，会皱着小眉头，说“小河会疼”。你会把阳光当作牛奶喝，一杯一杯，自斟自饮，脸上现出心满意足的神情……

每个小孩，天生都是诗人。那是因为，童心里，住着好奇。太多的好奇，给他们插上无数想象的翅膀，他们在乐此不疲的探究里，自由飞翔，收获着无穷的乐趣。像小鸟钻进了芦苇丛。

只是，从哪一天起，孩子们都端着一副书本面孔，神情木然？虽有虫鸣唧唧鸟雀啁啾，他们却听不到。虽有花开凌凌云霞织锦，他们却看不到。他们如同空了心的稻草人。试问，这样的孩子，如何去描写生活描绘人生？又如何让他们笔下的文字活色生香？文为心声，心都没了，哪里还能发出声音？纵使有声音，也是模仿出来的，也是偷来的借来的，不是他们自己的，是假的，很造作，不自然。

我想借这一页纸张，发出一声呼唤：孩子，快把你丢失的好奇心给找回来吧，打开你想象的大门。写作没有什么神秘可言，也并非一定要靠曲折的阅历，你只要做到“以你手，写你心”就可以了。关键是，你这颗心，是不是对这个世界还怀有热情与热爱。有了热情和热爱，你才能在意生活的每一点每一滴。才能在细微处，体会到深情。当你拥有了足够的热爱，你笔下的文字，才具有真正的生命力。

文章的可取之处，在于语言。语言的可取之处，在于丰富的想象力。而拥有一颗好奇心，是放飞想象的先决条件。天上的白云，不止像棉花糖，它还可以像海豚在跳舞。它还可以像瀑布在飞泻。它还可以像成片的白茅花在飘拂。它还可以像麦浪在翻滚。它还可以像玉兰花在盛开，一朵一朵再一朵……它就是最伟大的魔术师。

人生充满无限个神奇的瞬间，比如，一粒光在草叶上跳舞；比如，一只鸟独对着一泓湖水沉思；比如，一朵花在晨光里微笑；比如，一波的云，跑到窗子里……走路的时候，不妨张开你的耳朵，听一听大自然的心跳：听听风吹过的声音，听听小虫子的呢喃，听听花开花落的轻叹，听听流水的低吟，听听雨打凉亭……世上再美妙的音乐，也敌不过大自然轻微的呼吸。在黄昏的天空下，你不妨看看晚霞是如何在天边燃烧的，真正体会一下诗词里的“落日熔金，暮云合璧，人在何处”的意境之美。你不妨看看月亮，是怎样从一颗小芽芽，慢慢成长起来，“江畔何人初见月？江月何年初照人”，这千年一问，彼时彼刻，也会涌上你的心头。世上万物，都各自拥有自己的颜色、气味、声音和情感。只有放飞你想象的翅膀，才能捕捉到寻常中的那些不寻常之美。

曾读到过两句诗，不能忘：

每一汪水塘里，都有海洋的气息，

每一颗石子，都有沙漠的影子。

那么，就让我们从一汪水塘开始，嗅到海洋的气息；从一颗石子开始，寻找到沙漠的影子。如果能够这样，你想象的大门，也就慢慢打开了。

真正的世界，是活在天真者眼里的，我想把这句话，送给所有的孩子。愿你们的笔下，都能呈现出这个世界最好的样子。